SERIENMÖRDER

DIE FASZINATION DES BÖSEN

CHARLOTTE GREIG

SERIENMÖRDER

DIE FASZINATION DES BÖSEN

tosa

INHALT

EINLEITUNG

F ür die meisten von uns ist die gestörte Psyche von Serienkillern ein Buch mit sieben Siegeln, das wir vielleicht aus Neugierde gerne öffnen würden, obwohl wir wissen, dass es uns mit Grauen erfüllen wird. Was erwarten wir uns? Unvorstellbare Schrecken, unaussprechliche Begierden, unerklärliche Zwanghaftigkeit und unmenschliche Grausamkeit – im besten Fall. Im schlimmsten Fall entdecken wir Parallelen zu uns selbst, unserem eigenen Interesse an Tod und Sterben. Wie sehr wir es auch leugnen mögen, wir sind fasziniert von dem, was Serienmörder tun, wie sie es tun und warum. Wir wollen wissen, auf welch unterschiedliche Arten der menschliche Körper zerstört, zerstückelt und rituell missbraucht werden kann; wie die Opfer leiden, wie Sex, Schmerz, Folter und Tod zusammenhängen. Am meisten interessiert uns aber vielleicht die Psyche der Killer – Individuen, die den dunkelsten Impulsen des Menschen erlauben, Wirklichkeit zu werden.

DER EINSAME MÖRDER

Massenmörder gibt es nachweislich, seit Geschichte aufgezeichnet wird. Mitunter handelte es sich um königliche Täter: Man denke an Vlad Draculea, Katharina die Große oder den irren ottomanischen Herrscher Murad IV. Unsagbar grausame Folter- und Tötungsmethoden, die wir heute als vollkommen unmenschlich betrachten, gehörten in vielen Zeitaltern und Zivilisationen zum Alltag, von den Azteken über die frühen polynesischen Kulturen bis zum europäischen Mittelalter. In der Neuzeit wurden von Staaten sanktionierte Schreckenstaten begangen, im Nazideutschland etwa oder in Ruanda. Das Phänomen des Serienmörders, der in der Regel allein und im Geheimen agiert und meist jeweils ein einziges Opfer umbringt, ist aber anders geartet. Diese Mörder verstören uns zutiefst – die ganz normalen Typen, die Nachbarn oder Arbeitskollegen sein könnten, die vielleicht eine schwierige Kindheit durchleben mussten, aber alles in allem nicht mehr Grund zu töten haben als wir selbst. Diese Mörder verblüffen und erschrecken uns, eben weil sie so durchschnittlich wirken und uns – an der Oberfläche – so sehr gleichen. Werden sie jedoch schlussendlich erwischt, kommt ans Licht, dass sie unschuldige Opfer in Serie folterten und töteten, nicht selten auf die grauenvollste Weise, die sich denken lässt.

DER „GEWÖHNLICHE" MÖRDER

Unsere Auflistung von Serienmördern enthält etliche scheinbar völlig normale Leute. Ted Bundy war z. B. ein attraktiver, selbstbewusster Mann, der genau deshalb dem Gesetz viele Jahre entgehen konnte: Niemand kam auf die Idee, er könne ein psychotischer Killer sein; er entsprach überhaupt nicht dem allgemein herrschenden Bild. Dennoch fielen ihm Dutzende junger Frauen und Mädchen zum Opfer. Bevor er sie erschlug, vergewaltigte er sie und schlug seine Zähne wie ein Tier in ihre Körper. (Die Bissspuren wurden ihm schließlich zum Verhängnis; sein Zahnabdruck stimmte mit ihnen überein.) Der ehemalige britische Polizist Dennis Nilsen, ein nicht bekennender Homosexueller, brachte eine Reihe von Männern um, die er zu sich nach Hause brachte. Auf bizarre Weise verstaute er ihre Körperteile; sein Biograph, Brian Masters, nannte das später „Töten für Gesellschaft". Meist erwischte es jugendliche Herumtreiber, u. a. einen Skinhead, der „hier schneiden" auf seinen Nacken tätowiert hatte – was Nilsen unglücklicherweise wörtlich nahm. Erst als es in seiner Wohnung eng wurde und Nilsen begann, die Körperteile zu kochen und die Toilette hinunterzuspülen, wurde er erwischt: Es kam zu einer Verstopfung.

Auch John Wayne Gacys Serie bestialischer Morde wurde nur deshalb offenbar, weil der Polizei der unerträgliche Gestank auffiel, der aus dem Keller seines Hauses drang. Wie Bundy und Nilsen fügte sich auch Gacy perfekt ins Bild und ließ kaum Einblicke in den Albtraum seiner Persönlichkeit zu. Gacy war ein angesehener Bauunternehmer und lebte in einer bürgerlichen Wohngegend. Er war politisch aktiv und trat bei Kinderfesten und Wohltätigkeitsveranstaltungen als Clown auf. Seine Nachbarn hatten keine Ahnung, dass er über Jahre Jungen in seine Wohnung lockte, manche nicht älter als neun, und diese missbrauchte, folterte und schließlich erwürgte, bevor er ihre Leichen entsorgte. Am Ende seiner mörderischen Karriere machte er aus der Todeszelle Geschäfte, indem er seine Bilder von Totenschädeln

> **„Wie Bundy und Nilsen fügte sich auch Gacy perfekt ins Bild und ließ kaum Einblicke in den Albtraum seiner Persönlichkeit zu."**

„Erzsébet folterte mit Vorliebe weibliche Bedienstete zu Tode."

und Clowns verkaufte. Die begehrten Sammler-stücke erzielten Höchstpreise.

HISTORISCHE SCHLÄCHTER

In der Vergangenheit bestand für etliche Serien-mörder kein Grund, sich hinter einer konventio-nellen Fassade zu verbergen. Historische Gestalten wie die ungarische Gräfin Erzsébet Báthory (1560–1614) konnten sich alles erlau-ben; Erzsébet etwa folterte mit Vorliebe weib-liche Bedienstete zu Tode. Sie quälte sie mit Nadeln, Nägeln und Brandeisen, verbrannte ihr Geschlecht mit Kerzen-flammen und geriet dabei in Raserei: Sie riss mit ihren Zähnen Stücke aus dem Fleisch ihrer Opfer und zerfetzte ihre Brüste. Ein Mädchen zwang sie, ihre eigenen Körperteile zu kochen und zu essen. Nach diesen orgiastischen Folterexzessen überließ sie die Leichen der Verwesung oder warf sie als Futter für die Wölfe in den Wald. Über Jahre wütete die gräfliche Bestie, ohne dass irgendjemand einschritt. Erst als Erzsébet von einfachen Bauern-mädchen zu höheren Töchtern überging, entschloss sich der König, ihrem Treiben ein Ende zu setzen. Er ordnete eine nächtliche Razzia an und erwischte sie inmitten ihres rituellen Blutrausches. Doch exekutiert wurden nur die Diener, die bei den Untaten Beihilfe geleistet hatten. Die Gräfin Erzsébet selbst, obgleich schuldig an der Massakrierung hunderter Frauen und Mädchen, wurde lediglich bis an ihr Lebensende in ein Turmzimmer ih-res Schlosses gesperrt, dessen Fenster zugemauert worden war, sodass sie nie wieder das Licht der Welt erblickte.

ANONYME MÖRDER

Falls es, egal wann, überhaupt noch Erschreckenderes als solche Mons-trositäten geben kann, dann Mörder, die nie gefasst wurden. Der berüch-tigste unter diesen ist Jack the Ripper. Die Brutalität seiner Morde, sein Spiel mit der Polizei, der er höhnische Nachrichten zukommen ließ, und seine bis heute ausgebliebene Identifizierung machen diesen Fall zu einem der ver-störendsten und faszinierendsten aller Zeiten.

Jack the Rippers Mordserie begann 1888: Mary Nichols, eine als „Polly" bekannte Prostituierte aus Londons East End, wurde mit aufgeschlitzter Kehle und tiefen Stichwunden im Bauch und in der Vagina gefunden. Etwa ein Monat später wurde die Prostituierte Annie Chapman entdeckt, ausgenommen wie ein Tier; ihre Eingeweide lagen über ihrer Schulter. Teile ihres Körpers fehlten: Blase, Vagina, Gebärmutter und Eierstöcke. Dies sollte zum grauenerregenden Muster des Rippers werden. Weitere Morde folgten, einer bestialischer als der andere. Im Fall von Catherine Eddowes fehlte eine Niere; die Hälfte davon erhielt die Polizei per Post, samt einem Brief, in dem der Killer behauptete, den Rest verspeist zu haben. Mit dem Mord an Mary Kelly betrat der Ripper neue Abgründe von Gewalt und Irrsinn. Ihr Leichnam war ausgeweidet, ihre Hand in ihren Magen gesteckt, ihre Leber auf ihren Schenkeln platziert worden. Abgeschnittene Körperteile lagen neben ihr: die Brüste, das Herz, die Nieren und die Nase. Fleischstreifen aus Marys Körper waren überall im Raum an die Wand genagelt worden. Die Obduktion ergab, dass die Frau im dritten Monat schwanger gewesen war; der Schlitzer hatte jedoch den Fötus samt Gebärmutter mitgenommen.

Jack the Ripper konnte nie gefunden werden und die Spekulationen über ihn (oder, einer Theorie zufolge, sie) warfen über Jahre einen Schatten der Angst über die Bewohner von London. Bei jeder neuen Bluttat fürchteten die Leute die Hand des Rippers; Mordfälle aus der Zeit vor der Terrorherrschaft des Rippers wurden neu aufgerollt. Die Akte ist bis heute offen und mit jeder Durchsicht durch die Beweise wird die Liste der Verdächtigen länger und die Hoffnung auf eine Lösung geringer.

DAS BÖSE IM MENSCHEN

Auch wenn wir über die Untaten eines Serienkillers genau Bescheid wissen, bleibt immer ein Rätsel ungelöst: Die Frage, warum ein Mensch zwanghaft immer wieder tötet und dabei häufig einer entarteten Logik folgt. Wir sind vielleicht in der Lage, die Puzzleteile einer bestimmten Mordserie zusammenzusetzen oder sogar ein kohärentes Bild des Geisteszustands eines Mörders zu entwerfen; die Existenz des Bösen im Menschen in Gestalt von Serienmördern bleibt dennoch ein Mysterium, das sich uns niemals völlig erschließt.

TODES-
ENGEL

Todesengel sind noch verstörender als die meisten Serienkiller. Sie wirken nach außen wie die Stützen unserer Gesellschaft – Hausfrauen, Großmütter, Krankenschwestern und Ärzte. Es handelt sich um respektierte Männer und Frauen, die ihr Leben dem Dienst an den Mitmenschen verschrieben haben. Gerade weil sie die allerletzten sind, denen man eine Bluttat zutraute, bleiben ihre Verbrechen oft über Jahre unaufgeklärt; Dutzende oder sogar Hunderte Opfer sind die Folge.

Der berühmteste Todesengel ist der britische Hausarzt Harold Shipman. Im Verlauf von zwei Jahrzehnten ermordete er etwa 200 ältere Patientinnen. Sie sahen in ihm einen Mann, den seine übermäßige Sorge um sie vom Weg abkommen ließ. Tatsächlich war er ein irrer Killer, der seinen älteren, aber oft völlig gesunden Patientinnen heimlich tödliche Dosen Morphium zukommen ließ.

Neben Krankenpflegern und Medizinern gibt es auch informelle Betreuungspersonen – Mütter, Großmütter, Haushälterinnen –, deren freundliches Auftreten ihr perverses, böses Denken verbirgt. Sie wirken wie Muster an Anstand, dabei erfreuen sie sich in Wahrheit an ihren oft grausamen Tötungen. Ein Beispiel für diesen Typ ist die erste bekannte Serienmörderin der jüngeren Geschichte, Belle Gunness, auf deren Mordliste ihre Kinder, ihr Mann und etliche Geliebte standen. Ein anderes ist Nannie Doss, die ihre Ehemänner in Serie mit Arsen-Kaffee und mit durch Rattengift gewürztes Pflaumenkompott ins Jenseits beförderte.

Typisch für die Todesengel ist der krasse Widerspruch zwischen ihrer fürsorglichen, mitfühlenden und freundlichen Pose und ihrem wahren Gesicht: psychopathische, mitleidlose Mörder, die das Leiden und Sterben anderer in vollen Zügen genießen.

NANNIE DOSS

etliche Serienmörder wurden von krankhaften Sexvorstellungen getrieben; bei Nannie Doss war es eher eine krankhafte Vorstellung von Romantik. Als Ermittler die gütig blickende Oma zu den vier von ihr getöteten Gatten (insgesamt brachte sie mindestens zehn Menschen um) befragten, erklärte sie ihre Taten so: „Ich habe nach dem Richtigen gesucht, nach der wahren Liebe meines Lebens."

Nancy ‚Nannie' Doss kam 1905 in Blue Mountain im nordwestlichen Hügelland Alabamas zur Welt. Ihre Kindheit war hart. Ihr Vater, James Hazle, war ein autoritärer Bauer, der seine Kinder wie Knechte behandelte und sie schlug, wann immer sie nicht Schritt zu halten vermochten. Trotz oder wegen des unbarmherzigen Vaters entwickelte sich Nannie zu einem eigensinnigen, bekannt promiskuitiven Teenager. 1921 heiratete sie im Alter von 16 Jahren Charles Braggs, einen Kollegen bei der Linen Thread Company, und gebar ihm vier Kinder. Nannie war in diese Beziehung vor ihrem dominanten Vater geflüchtet, nur um ihr Leben mit einer nicht minder dominanten Schwiegermutter teilen zu müssen. Charles entpuppte sich als Trunkenbold und Schürzenjäger und Nannie reagierte darauf, indem sie ihre wilden Jugendtage von Neuem beschwor.

Diese Ehe sollte offensichtlich nicht von Dauer sein; sie endete mit einer, dem Anschein nach, doppelten Tragödie. 1927 starben die mittleren Kinder – in beiden, voneinander unabhängigen Fällen an Gift im Essen, wie später vermutet wurde. Zur Zeit der Tode ahnte man noch nichts Böses, aber kurz danach lief Charles Bragg samt seiner Ältesten davon. Später behauptete er, Angst vor seiner Frau gehabt und ganz bestimmt nichts zu sich genommen zu haben, das von ihr zubereitet worden war.

EINE WEITERE „TRAGÖDIE"

Nachdem der Ehemann über alle Berge war, nahm Nannie einen Job in einer Baumwollmühle an, um sich und ihre verbliebene Tochter Florine über Wasser zu halten. Nach einer Weile zog sie über die Staatengrenze nach Georgia und heiratete erneut. Auch Frank Harrelson erwies sich als Säufer und Versager; dennoch hielt die Ehe bis 1945, als sich eine weitere „Tragödie" ereignete. Wieder starb ein Kind; dieses Mal traf es die Tochter von Florine, Nannies Enkelin. Florine hatte sie bei ihrer Mutter gelassen und ihren Vater besucht. Drei Tage später war das Baby tot. Man vermutet, dass es unabsichtlich Rattengift geschluckt habe.

Drei Monate später wurde Frank zu ihrem ersten erwachsenen Opfer. Einmal zu oft missbrauchte er sie im Vollrausch; am nächsten Tag gab sie Rattengift in seinen Schnaps. Nach mehreren Tagen in Agonie verendete er und einmal mehr hegte niemand den geringsten Verdacht.

„Ihr Vater war ein autoritärer Bauer, der seine Kinder wie Knechte behandelte."

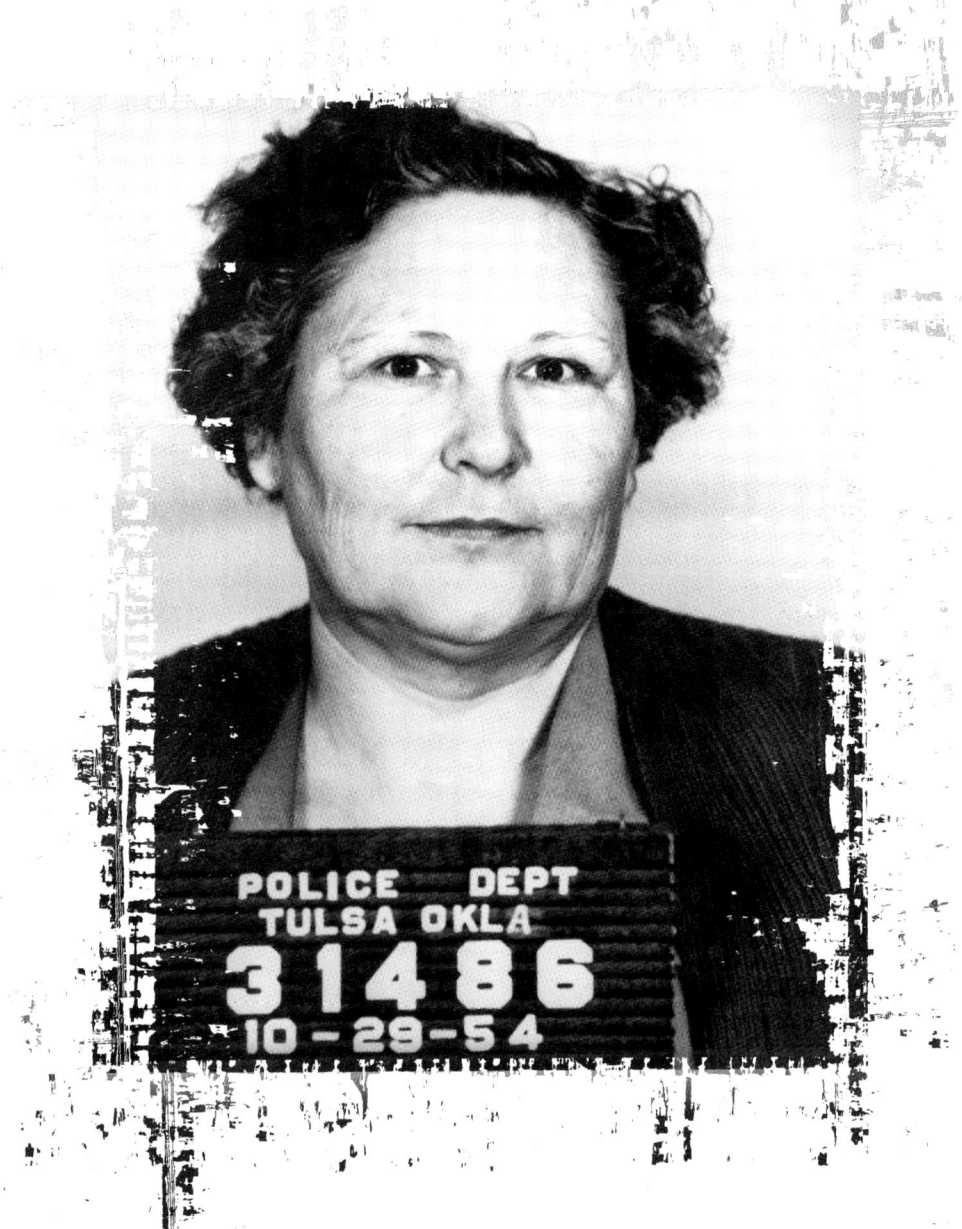

Zu Nannies Glück hatte sie kurz zuvor eine Lebensversicherung auf Frank abgeschlossen; mit dem Geld erwarb sie ein Haus in Jackson, Mississippi, wo sie bis 1947 lebte. Dann reagierte sie auf eine Anzeige unter „Einsame Herzen" – Liebesgeschichten waren ihr bevorzugter Lesestoff –, aufgegeben von Arlie Lanning aus Lexington in North Carolina. Zwei Tage nach ihrem ersten Treffen waren sie verheiratet. Zu Nannies Leidwesen war aber auch

ihr dritter Mann eine herbe Enttäuschung und wieder lag es am Schnaps: Arlie soff. Nach drei Jahren hatte sie genug von ihm.

Im Februar 1950 servierte Nannie ihrem Arlie Kaffee und Pflaumenkompott. Nach zwei Tagen mit schrecklichen Magenschmerzen starb er. Nannie erzählte ihren Nachbarn seine letzten Worte: „Nannie, es muss der Kaffee gewesen sein." Damit kann er auch falsch gelegen haben: Vielleicht war es

Nannies nichtsahnende Opfer hatten keine Chance gegen die tödlichen Giftmengen, die sie ins Essen mischte.

das Arsen im Kaffee, vielleicht lag es aber auch an den Pflaumen, die in Rattengift gekocht worden waren. Der Doktor, überflüssig zu erwähnen, dachte keine Sekunde an Mord, selbst nicht, als das Haus niederbrannte. Laut Arlies Testament wäre es seiner Schwester zugefallen; so kassierte Nannie die Versicherungssumme.

Mit dem Geld verließ Nannie sofort die Stadt. Sie besuchte ihre Schwester Dovie, die prompt aus den Latschen kippte. 1952 schrieb sich Nannie bei etwas ganz Neuem ein: einer Partnervermittlung. Über diese traf sie Richard Morton aus Emporio in Kansas. Der trank zwar nicht, dafür betrog er sie ein ums andere Mal. Dennoch wurde er nicht ihr nächstes Opfer, denn zuerst zog im Januar 1953 ihre Mutter ein, bekam chronische Magenschmerzen und starb. Drei Monate später erging es Richard genauso. Eine Autopsie unterblieb auch diesmal.

Während ihrer kurzen Ehe mit Morton war Nannie weiterhin mit ihren einsamen Herzen in Verbindung geblieben, sodass sie unmittelbar nach der Beerdigung bereits den nächsten Kandidaten in Aussicht hatte: Samuel Doss aus Tulsa in Oklahoma. Die beiden heirateten im Juni 1953. Doss war weder Trinker noch Frauenheld: Er war ein puritanischer Christ und ein Geizhals. Auch auf die Art entsprach er jedoch keineswegs Nannies romantischen Idealen. Nach etwas mehr als einem Jahr, im September 1954, kam Samuel mit Magenschmerzen ins Krankenhaus; zuvor hatte er von Nannies Pflaumenkuchen genascht. Doss überlebte und wurde 23 Tage später entlassen. Als Willkommensgeschenk servierte ihm Nannie einen völlig harmlosen Schweinsbraten, den er mit speziell gewürztem Kaffee hinunterspülte; Doss war sofort tot. Und dieses Mal ließ der Arzt eine Autopsie durchführen.

Im Magen von Samuel wurde genug Arsen gefunden, um 20 Männer zu vergiften. Die Polizei stellte Nannie zur Rede, unfähig an die Schuld dieser 50-jährigen Oma zu glauben. Nannie raubte ihnen den letzten Nerv: Statt zu antworten, kicherte sie. Als die Polizei ihr verbot, weiter in ihrem Liebesroman zu lesen, gestand sie. Nicht nur Samuel habe sie getötet, auch ihre drei Ehemänner davor.

Die Neuigkeiten machten Schlagzeilen. Nannie erhielt den Beinamen „Giggling Granny" (Kicheromi) und wurde wegen Mordes vor Gericht gestellt. Ihre lebenslange Haftstrafe endete 1965, zehn Jahre später, mit ihrem Tod. Weitere Ermittlungen ergaben, dass Nannie mehr als vier Gatten, zwei Kinder und eine Enkelin ermordet hatte: Auch ihre Mutter, ein Neffe und ein Enkel waren Arsenvergiftungen zum Opfer gefallen.

BELLE GUNNESS

Belle Gunness kann mit Fug und Recht für sich beanspruchen, die erste Serienmörderin der Neuzeit zu sein. Sie war die archetypische „Schwarze Witwe": Wiederholt lockte sie Ehemänner und Verehrer an und brachte sie prompt um Geld und Leben. Während andere, wie eine Nannie Doss, vergleichsweise schüchtern waren und Jahre auf die Chance warteten, ihren aktuellen Ehemann zu vergiften, schlug Belle meist sofort zu; durchaus auch im wörtlichen Sinn, denn wenn ihre Auserwählten das Zyanid nicht schlucken wollten, tat es auch ein Hieb mit der Axt oder einem Hammer. Ihren fast 130 kg Lebendgewicht konnte kaum ein Mann etwas entgegensetzen.

Belle Gunness ist noch aus einem zweiten Grund berühmt: Nur sehr wenigen Serienkillern gelang es, dem Gesetz zu entgehen, selbst nachdem sie identifiziert worden waren. Neben der gebürtigen Norwegerin Belle kann das noch der Ungar Bela Kiss von sich behaupten.

Geboren wurde sie als Brynhild Paulsdatter Størseth am 11. November 1859 in dem norwegischen Fischerdorf Selbu. Ihre Eltern waren Kleinbauern, ihr Vater nebenbei noch Zauberkünstler. Angeblich tanzte die junge Belle an seiner Seite auf einem Seil; ihr restliches Leben war mit Sicherheit ein einziger Drahtseilakt.

PFLEGEMUTTER

1883 lud ihre nach Chicago emigrierte ältere Schwester Anna Belle ein, zu ihr zu ziehen. Belle ergriff die Gelegenheit für ein neues Leben und wanderte in die Vereinigten Staaten aus. Im Jahr darauf heiratete sie einen immigrierten Landsmann, Mads Sorenson, und verbrachte mit ihm ein knappes Jahrzehnt in leidlichem Eheglück. Kinder bekam Belle zwar nicht, aber dafür wurde das Paar zu Pflegeeltern von drei Mädchen: Jennie, Myrtle und Lucy. Die hart arbeitenden Einwanderer hatten nur mit einem zu kämpfen: dem Feuer. Zweimal brannte ihr Haus nieder und 1897 wurde ihr Süßwarengeschäft ein Raub der Flammen. Glücklicherweise waren sie in jedem Fall gut versichert gewesen.

Auch am 30. Juli 1900 durfte Belle den Versicherungen dankbar sein: Ihr Mann, Mads Sorenson, starb ganz plötzlich, offiziell an einer Herzattacke; die Symptome wiesen allerdings eine seltsam auffällige Ähnlichkeit mit den Folgen einer Strychninvergiftung auf. Erstaunlich auch, dass genau an Mads Todestag eine Lebensversicherung auslief und eine andere begann, sodass Belle zweimal abkassierte.

DIE TRAUERNDE WITWE

Überraschend um $ 8500 reicher, entschloss sich Belle zu einem ganz neuen Anfang. Sie übersiedelte samt Familie nach La Porte in Indiana, wo bekanntlich etliche skandinavische Einwanderer lebten. Nicht lange und der Norweger Peter Gunness wurde ihr neuer Ehemann. Diese Verbindung sollte jedoch nicht von Dauer sein: 1903 erlag Peter einem Fleischwolf, der laut Belle unglücklicherweise auf seinem Kopf gelandet war. Falls jemanden die Kopfwunde eher an einen Hammerschlag denken ließ, so genügten die Tränen der trauernden und schwangeren Witwe, um ihn verstummen zu lassen. Dieses Mal zahlte die Versicherung 4000 Dollar.

Belle heiratete nie wieder, obwohl es nicht an Versuchen mangelte: Regelmäßig annoncierte sie in der norwegischen Presse, wo sie sich als anmutige Witwe auf der Suche nach Männern beschrieb,

„Sie war die archetypische Schwarze Witwe."

die für eine gemeinsame amouröse Zukunft bereit waren, im Voraus etwas springen zu lassen. Viele antworteten und etliche Verehrer fanden sich in La Porte ein, mit Sparbuch oder Bargeld in der Hand. Ein, zwei Tage sah man sie in der Gegend; sie erzählten von dem Plan, eine reiche Witwe zu ehelichen, dann verschwanden sie.

Sie waren nicht die einzigen in Belles Umfeld. Auch ihre Pflegetochter Jennie war eines Tages nicht mehr gesehen; Belle zufolge war sie nach Kalifornien gezogen, um ihren Schulabschluss zu machen. Regelmäßig verschwanden Landarbeiter von ihrer Farm. Die Gemeinde hegte keinerlei Verdacht: Für sie war Belle Gunness eine mustergültige, vom Pech verfolgte Mitbürgerin.

Diese Ansicht schien für immer festzustehen, als Belles Haus am 28. April 1908 in Flammen aufging. Die Feuerwehr war machtlos; die Leichen von zweien der drei Kinder von Belle Gunness wurden in den Überresten des Gebäudes gefunden, zusammen mit dem Corpus einer erwachsenen Frau. Man nahm an, es handle sich um Belle, die Identifikation war jedoch schwierig, weil dem Kadaver der Kopf fehlte. Offensichtlich war ein Mord verübt worden und die Polizei verhaftete auch sogleich einen Mann unter dringendem Tatverdacht: Ray Lamphere, ein Handwerker aus der Ortschaft. Ray hatte sich nach einer sehr wechselhaften Beziehung kurz zuvor endgültig mit Belle überworfen und daraufhin gedroht, ihr Haus anzuzünden.

Das hätte es gewesen sein können, wenn die Ermittler nicht weiterhin auf der Suche nach dem fehlenden Kopf den Tatort untersucht hätten. Dabei fanden sie zwar das Gesuchte nicht, dafür aber 14 andere vergrabene Leichen, die meisten im Schweinestall. Zwei Arbeiter, die Pflegetochter Jennie und fünf hoffnungsvolle Verehrer konnten identifiziert werden, die übrigen hielt man für weitere Freier der „Schwarzen Witwe".

KEINE GEWÖHNLICHE WITWE

Auf grauenvolle Weise wurde klar, dass Gunness keine gewöhnliche Witwe, sondern eine brutale Serienmörderin war. Der Aufruhr steigerte sich noch, als im Magen einiger Opfer Zyanid gefunden wurde. Sofort wurden Gerüchte laut: Die kopflose Leiche konnte nicht Belle sein. Dem

> „Man fand vierzehn weitere Leichen, die auf der Farm vergraben waren, die meisten davon im Schweinestall."

widersprach ein Fund Wochen später: die Brücke und zwei (vom Feuer erstaunlich unbeschadet gebliebene) Zähne Belles. Für manche schien ihr Tod damit erwiesen zu sein. Andere sahen darin nur einen finalen Betrug. Die Strafverfolgung von Lamphere schritt voran, aber die Geschworenen hegten Zweifel: Sie befanden Ray nicht des Mordes, sondern nur der Brandstiftung für schuldig.

Die Phase fortwährender Belle-Sichtungen begann praktisch sofort und hielt über Jahre an. Die meisten waren purer Unsinn. Bis zum heutigen Tag bleibt die wahre Geschichte der ersten Serienkillerin der USA ein ungelöstes Rätsel.

HAROLD SHIPMAN

Mit mehr als 200 ihm zugeschriebenen Morden ist Harold Shipman der produktivste Serienkiller der Neuzeit. Mit seiner grausigen Opferzahl lässt er Pedro Lopez, das „Monster aus den Anden", weit zurück: Der war 1980 als Mörder in 57 Fällen verurteilt worden. (Lopez beanspruchte weit mehr Tötungen für sich, aber die exakte Zahl konnte nie bestimmt werden.) Bis Shipmans Verbrechen aufgedeckt wurden, hielt Lopez den fragwürdigen Titel „Serienkiller Nr. 1"; derzeit steht jedoch kein mittelloser kolumbianischer Landstreicher an diesem „Ehrenplatz", sondern ein britischer Hausarzt.

MAMAS LIEBLING

Die traurige Geschichte nahm 1946 ihren Anfang, als Harold Frederick Shipman in einen Arbeiterhaushalt in Nottingham geboren wurde. Der Fred gerufene Junge verlebte eine ungewöhnliche Kindheit. Er hatte einen Bruder und eine Schwester, war aber ganz klar Mamas Liebling. Sie ahnte, dass er für Großes bestimmt sei, und impfte ihm ein Gefühl der Überlegenheit gegenüber seinen Zeitgenossen ein, obwohl er nicht auffallend intelligent war und für seine Lernziele hart arbeiten musste. Er schloss in seiner Schulzeit nur wenige Freundschaften; als seine Mutter sehr schwer an Lungenkrebs erkrankte, vereinsamte er noch mehr. Er übernahm die Pflege der Mutter und verbrachte viel Zeit mit ihr. Gemeinsam warteten sie auf den Besuch des Hausarztes, der ihr Morphium gegen die Schmerzen spritzte. Vielleicht hat der Stress in diesen prägenden Jahren seine Psyche nachhaltig zerstört, sodass er dazu getrieben wurde, die Rolle des Pflegers und Arztes erneut zu übernehmen – jedoch auf die makabre und mörderische Weise der späteren Jahre.

Als Shipman siebzehn Jahre alt war, erlag seine Mutter dem Krebs nach Jahren voll schrecklicher Schmerzen. Shipman begann Medizin zu studieren, auch wenn er die Aufnahmeprüfung wiederholen musste. Obwohl er ein guter Sportler war, knüpfte er nur wenige Kontakte. Immerhin fand und ehelichte er seine Frau, Primrose. Das Paar hatte vier Kinder, als Shipman begann, als praktischer Arzt zu arbeiten. Er wirkte auf viele freundlich und nett, aber seine Kollegen schätzten ihn als arrogant und rüde ein. Dann begannen ihn Aussetzer zu quälen, die er der Epilepsie zuschrieb. Jedoch konnte bewiesen werden, dass er hohe Dosen Pethidin (ein synthetisches Opiat) schluckte, das er vorgeblich Patienten verschrieb. Er verlor seine Stelle, arbeitete jedoch bereits zwei Jahre später wieder als Arzt – dieses Mal in einer anderen Stadt.

STÜTZE DER GEMEINSCHAFT

Seine neue Praxis trug dem hart arbeitenden Shipman rasch den Respekt von Kollegen und Patienten ein. Genau in diesen 24 Jahren in Hyde hat er jedoch nach Schätzungen mindestens 236 Patienten ermordet. Sein Status als Stütze der Gemeinschaft und die Vorbildlichkeit seines Umgangs mit Kranken überdeckten jahrelang die Tatsache, dass enorm viele seiner Patientinnen und Patienten starben.

Im Laufe der Jahre äußerten einige Personen, darunter Angehörige der Verstorbenen und lokale Geschäftsleute, ihre Besorgnis bezüglich der Todesrate von Shipmans Klientel. Seine Opfer verschieden stets sehr plötzlich, häufig ohne zuvor als unheilbar krank diagnostiziert worden zu sein.

Meist fand man sie vollständig bekleidet und sitzend statt im Bett liegend vor. Die Polizei war alarmiert worden und hatte Shipmans Aufzeichnungen ergebnislos durchsucht. Später wurde klar, dass der Arzt die Akten gefälscht hatte, aber zum Zeitpunkt der Ermittlungen überdeckte Shipmans ruhige, Respekt gebietende Ausstrahlung jeden weiteren Verdacht.

Dann unterlief ihm ein fataler Fehler. 1998 starb unerwartet die Ex-Bürgermeisterin Kathleen Grundy. Die für ihre Dienste an der Gemeinschaft hoch geschätzte 81-Jährige war gesund und sehr aktiv gewesen. Shipman stellte den Totenschein aus und meinte, eine Obduktion erübrige sich, da er sie ohnehin kurz vor ihrem Tod untersucht habe. Nach der Bestattung erhielt ihre Tochter, Angela Woodruff, eine schlecht getippte Abschrift von Grundys Testament, demzufolge Shipman eine

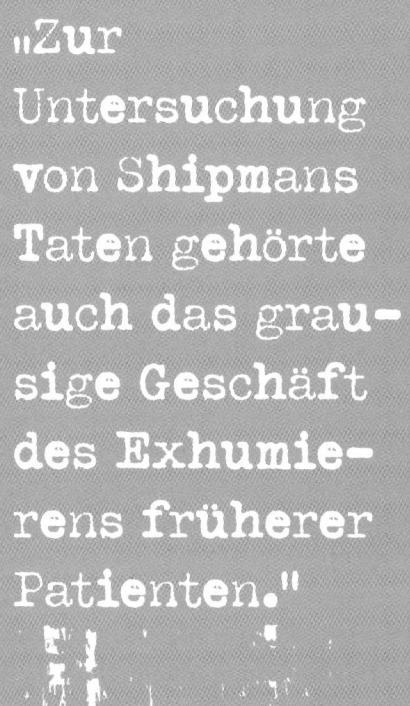

"Zur Untersuchung von Shipmans Taten gehörte auch das grausige Geschäft des Exhumierens früherer Patienten."

Menge Geld erben sollte. Als Anwältin erkannte sie das Schreiben sofort als Fälschung und verständigte die Polizei. Grundys Leiche wurde exhumiert; eine tödliche Dosis Morphium war ihr verabreicht worden.

Seltsamerweise hatte Shipman in diesem Fall wenig unternommen, um seine Spuren zu verwischen; weder durch mehr Sorgfalt beim Fälschen des Testaments noch durch den Einsatz einer weniger leicht nachweisbaren Droge. Ob es schiere Dummheit und Arroganz waren oder der latente Wunsch, erwischt zu werden, weiß niemand. Jedenfalls wurden, nachdem die Umstände von Mrs. Grundys Tod geklärt waren, weitere Gräber geöffnet und weitere Morde enthüllt.

Shipman, des 15-fachen Mordes angeklagt, zeigte keinerlei Reue. (Man wusste von weiteren Opfern, aber auch so war das Urteil „lebenslänglich"

gesichert.) Für Polizei und Gericht hatte er nur Verachtung übrig; bis zuletzt beteuerte er seine Unschuld. Er wurde verurteilt und inhaftiert. Vier Jahre später erhängte er sich ohne Vorwarnung in seiner Gefängniszelle.

Shipmans Fall bleibt bis heute rätselhaft; er hatte weder ein sexuelles noch, bis zur Vergiftung Grundys, ein materielles Motiv. Seine Morde passten nicht in das übliche Schema eines Serienkillers.

Fast alle seiner Opfer scheinen in völligem Frieden mit sich selbst gestorben zu sein. Vielleicht berauschte er sich an dem Gefühl, Herr über Tod und Leben zu sein, wie manche Kommentatoren vermuteten, und wurde mit den Jahren süchtig nach dieser Art von Macht. Klar ist, was er mit seinem Freitod erreichte: ultimative Kontrolle. Niemals wird irgendjemand wirklich verstehen können, warum „Dr. Tod" tat, was er tat.

IRRE

KANNIBALEN

Der definitiv erfundene Serienkiller Hannibal Lecter erhielt für seine Vorliebe, seine Opfer mit einem guten Chianti hinunterzuspülen, den Spitznamen „Hannibal der Kannibale". Er ist eine Angst einjagende Schöpfung, denn die Vorstellung von einem wahnsinnigen Kannibalen ist ein starkes Bild totaler Verachtung für jegliche Art menschlicher Moral, ein Bruch des ultimativen Tabus.

Kannibalismus ist zweifellos ein uraltes menschliches Verhalten, aber eines, dem die neue Welt jetzt mit Abscheu begegnet. Es kommt jedoch noch immer vor. Es gab bekannte Fälle von Flugzeugabsturzopfern, die vor der grässlichen Entscheidung standen, menschliches Fleisch zu essen oder zu verhungern. Obwohl wir jene verstehen können, die durch das Fleischessen entschieden haben, zu leben, fühlen wir, dass ihre Taten irgendwie die Grenzen des Menschlichen überschreiten.

Auch während der großen Hungersnöte des 20. Jahrhunderts gab es häufig Ausbrüche von Kannibalismus: in Russland in der Zeit von Stalins erzwungener Kollektivierung, in Deutschland nach dem Ersten Weltkrieg und in China. Jedes Mal waren hungernde Menschen gezwungen, die Körper von Toten zu essen – manchmal sogar die ihrer eigenen Kinder.

Manche kannibalische Serienmörder, wie der Deutsche Joachim Kroll, wuchsen in diesen Zeiten bitterer Armut auf. Andere jedoch, wie Jeffrey Dahmer, scheinen auf einen tiefen, animalischen Trieb zu reagieren, ihre Opfer durch deren Verzehr zu vernichten. Die Details der Taten nach der Ermordung der Opfer sind oft verstörender als die Berichte über den tatsächlichen Mord, was möglicherweise zeigt, dass das Kannibalismus-Tabu fast noch tiefer verwurzelt ist als das Tabu des Mordes.

JEFFREY DAHMER

Jeffrey Dahmer ist einer der verstörendsten Serienmörder – ein scheinbar durchschnittlicher Kerl, der sich in einen psychopathischen Mörder, Nekrophilen und Kannibalen verwandelte.

Dahmer wurde am 21. Mai 1960 als Sohn von Lionel, einem Chemiker, und Joyce, einer Hausfrau, geboren. Seine Mutter war ein nervöser Typ, während Lionel viel arbeitete; das Paar hatte viele Auseinandersetzungen, aber anscheinend waren sie eine ganz normale Familie. Jeffrey entwickelte früh eine Faszination für tote Tiere. Im Alter von sechs Jahren wurde er infolge einer Bruchoperation und der Geburt seines jüngeren Bruders introvertiert. Im Laufe seiner Kindheit blieb er einsam und alleine. In seiner Jugend intensivierte sich seine Faszination für tote Kreaturen. Er streifte mit dem Fahrrad auf der Suche nach Kadavern umher, die er sorgfältig zerstückelte. Zur Zeit seines Highschool-Abschlusses wurde er zum starken Trinker.

Jeffreys Eltern bemerkten scheinbar nichts von seinen Problemen, da sie zu dieser Zeit in erbitterter Scheidung lebten. Im Sommer 1978, gerade als Jeffrey graduierte, zogen beide aus dem Haus aus und ließen ihn allein dort zurück. Als Reaktion darauf nahm er einen Autoanhalter, Stephen Hicks, mit nach Hause, hatte Sex mit ihm und schlug ihm dann, als Hicks zu gehen versuchte, mit einer Hantel auf den Kopf, strangulierte ihn, zerstückelte seine Leiche und begrub ihn in der Nähe.

ALKOHOLIKER

Damals zog Jeffreys Vater Lionel mit seiner zweiten Frau Shari ein, die ihn darauf hinwies, dass sein Sohn Alkoholiker war. Lionel stellte Jeffrey vor die Wahl, mit dem Trinken aufzuhören oder zur Army zu gehen. Jeffrey weigerte sich, das Trinken aufzugeben, und so sorgte sein Vater für seine Einberufung im Januar 1979, als Dahmer 18 Jahre war. Er schien das Armeeleben zu genießen, wurde aber bald wegen gewohnheitsmäßiger Trunkenheit entlassen. Kurz darauf zog er in eine Wohnung im Erdgeschoß bei seiner Großmutter; mit ihm ging es abwärts.

1982 und dann nochmals 1986 wurde Dahmer wegen unzüchtigen Verhaltens verhaftet. Jedes Mal zahlte sein Vater die Anwälte. Für sein zweites Delikt erhielt Dahmer ein Urteil auf Bewährung und Beratung. Die Beratung zeigte eindeutig wenig Wirkung: Innerhalb des nächsten Jahres beging er drei Morde.

DAS ERSTE OPFER

Sein erstes Opfer in diesem Jahr war Steven Tuomi, den er in einer Schwulenbar traf. Er ermordete ihn in einem Hotel, packte die Leiche in einen Koffer, hatte zu Hause Sex mit ihm und zerstückelte ihn danach. Als nächstes ermordete er den 14-jährigen Indianerjungen James Doxtator, der in der Schwulenszene von Milwaukee herumhing. Danach folgte ein mexikanischer Jugendlicher namens Richard Guerrero. (Dahmers Gewalttaten widerlegten klar die bis dahin anerkannte Theorie, dass Serienmörder nur innerhalb ihrer eigenen Rasse morden.)

Nun warf ihn seine Großmutter wegen seiner Trunkenheit und den ekelhaften Gerüchen aus seiner Wohnung. Dahmer zog im September 1988 in seine eigene Wohnung in Milwaukee. Tags darauf lockte er einen 13-jährigen laotischen Jungen mit dem Angebot einer bezahlten Aktmodellsitzung dorthin. Er betäubte und streichelte den Jungen, wurde aber nicht gewalttätig. Dessen Eltern erstatteten

Anzeige, worauf Dahmer zu einem Jahr Haft wegen sexueller Belästigung verurteilt wurde. Noch während er auf das Urteil wartete, ermordete er sein nächstes Opfer, Anthony Sears.

Dahmer saß zehn Monate im Gefängnis, bevor er seinen letzten Mordzug begann. Zwischen Juni 1990 und Juli 1991 ermordete er weitere zwölf Männer. Am Ende tötete er fast jede Woche und die Behandlung seiner Opfer wurde immer bizarrer. Er war von der

"... ekelhafter Gestank kam aus seiner Wohnung ..."

Vorstellung besessen, Zombies zu erschaffen – Halbmenschen, die sein Spielzeug sein würden. Er bohrte Löcher in die Schädel seiner noch lebenden Opfer und tropfte Säure in ihre Köpfe. (Wenig überraschend überlebte keines seiner Opfer.) In mindestens einem Fall erprobte er Kannibalismus. Er bewahrte die Körperteile der Opfer in seinem Kühlschrank auf und platzierte ihre Schädel auf einem Altar in seinem Schlafzimmer.

Der erschreckendste Fall war der von Konerak Sinthasomphone, dem Bruder des laotischen Teenagers, den er zuvor belästigt hatte. Dahmer betäubte Konerak, aber der Junge konnte aus der Wohnung fliehen. Zwei junge schwarze Frauen fanden Konerak und riefen die Polizei, aber als sie eintraf, überzeugte Dahmer die Polizei, dass der betäubte und blutende Konerak sein Freund sei. Unglaublicherweise brachte die Polizei den Jungen zu Dahmer zurück, der ihn sofort mit nach Hause nahm und ermordete.

In den nächsten Wochen tötete der wahnsinnige

Im Gefängnis lehnte Dahmer Einzelhaft ab. Am 28. November 1994 nahm ein Mitgefangener eine Eisenstange und schlug damit auf Dahmers Schädel ein. Der Schlag tötete ihn.

Dahmer seine letzten vier Opfer. Am 22. Juli 1991 floh sein vermeintlich letztes Opfer namens Tracy Edwards mit Handschellen an seinen Handgelenken aus der Wohnung. Edwards konnte einen Polizeiwagen anhalten und führte die Polizei zur Wohnung, wo sie entsetzt einen menschlichen Kopf im Kühlschrank fand.

Dahmers Mordzug war endlich vorbei. Als Details in der Presse erschienen, schockierten seine furchtbaren Taten sogar ein Amerika, das an Geschichten über Mord und Perversion gewöhnt war. Am 22. August 1991 wurde Dahmer wegen 15-fachen Mordes angeklagt, der Prozess begann am 30. Januar 1992. Er plädierte auf schuldig, aber unzurechnungsfähig. Die Jury hielt ihn für zurechnungsfähig und gab ihm 15-mal lebenslang.

ALBERT FISH

albert Fish – zumindest teilweise das Vorbild für den von Thomas Harris erfundenen Killer Hannibal Lecter – ist der vielleicht erschütterndste aller Serienmörder. Zur Zeit seiner Verhaftung 1934 war der zart gebaute, sanftmütige alte Mann mit grauem Haar und schäbigem Anzug 64 Jahre alt und sah so harmlos aus, wie man es sich nur vorstellen kann. Jedoch lauerte hinter dem ruhigen Äußeren ein Mann von außergewöhnlicher Gewalt; laut Psychiatern hatte Fish jede der Menschheit bekannte Perversion ausprobiert und genossen, darunter auch der Verzehr des Fleisches jener kleinen Kinder, die er brutal gefoltert und ermordet hatte.

ANGEBER

Wie viele Kinder dieser scheinbar gütige alte Mann tötete, werden wir nie wissen. Bloß vier Morde können Fish sicher zugeschrieben werden, obwohl er vermutlich mindestens ein Dutzend Morde und eine große Zahl an Vergewaltigungen begangen hat. Fish selbst – ein frühes Beispiel für den Serienmörder als Angeber – behauptete, Hunderte getötet zu haben, mit mindestens einem Mord in jedem Staat. Der Psychiater, der ihn am genauesten untersuchte, glaubte, dass Fish möglicherweise mindestens hundert Opfer vergewaltigte.

Welcher Hintergrund formte dieses Monster? Albert Fish wurde am 19. Mai 1870 geboren. Sein Vater Randall war Kapitän und fuhr am Potomac-Fluss. Alberts Taufname war Hamilton, offenbar zu Ehren einer Familienverbindung zu Washingtons berühmter Familie Hamilton. Albert Fish wurde also in eine ehrbare, relativ reiche Welt geboren. All das änderte sich jedoch, als sein Vater 1875 starb. Seine Mutter musste arbeiten und gab den fünfjährigen Albert in ein Waisenhaus. Dort begann er, sich als Reaktion auf die Hänseleien der anderen Jungen Albert zu nennen. An diesem Ort entwickelte er aufgrund der regelmäßigen Auspeitschungen auf das nackte Gesäß, die er dort erlitt, eine lebenslange Vorliebe für Sadomasochismus. Er wurde ein ständiger Bettnässer, der regelmäßig aus dem Waisenhaus davonlief. Als er neun Jahre alt war, holte ihn seine Mutter weg.

BUMMLER

Mit 15 Jahren verließ Albert die Schule. Er merkte bald, dass er ein fähiger Maler und Dekorateur war und übte diesen Beruf sein Leben lang aus. Er zog von Stadt zu Stadt. Um 1898 heiratete er, wurde in New York sesshaft und zeugte sechs Kinder. Fish selbst behauptete, den ersten Mord in dieser Zeit verübt zu haben, indem er 1910 einen Mann in Delaware tötete. Die meisten Leute, auch seine Kinder, datierten seinen Absturz in den Wahnsinn in die Zeit,

> **"... mit grauem Haar und schäbigem Anzug sah er so harmlos aus, wie man es sich nur vorstellen kann."**

nachdem ihn seine Frau verlassen hatte, um ab 1917 mit einem Rentner zu leben. Danach schien er an Halluzinationen zu leiden: Er nahm die Kinder in ein Sommerhaus in Westchester mit, wo er einen Hügel bestieg, dem Himmel mit der Faust drohte und sich selbst als Christus verkündete. Dann bat er die Kinder, ihm auf das Gesäß zu schlagen. Er war von Schmerzen besessen, stach Nadeln in seine Leiste und steckte Stoff, den er anzündete, in seinen Anus.

Schließlich hatte sein ältester Sohn genug von seinem verrückten Benehmen und warf ihn hinaus.

Fish wurde regelmäßig verhaftet, manchmal wegen Landstreicherei, Diebstahls oder weil er einer seiner Lieblingsperversionen frönte, dem Verschicken von obszönen Briefen an Frauen. Jedes Mal wurde er untersucht, für auffällig, aber harmlos befunden und zurück in die Gesellschaft entlassen. Wir werden nie genau wissen, wie viele Morde und

„Er wurde untersucht, für auffällig, aber harmlos befunden und zurück in die Gesellschaft entlassen."

Vergewaltigungen er in den 20er- und 30er-Jahren beging.

Vor allem ein Fall sorgte sowohl für seinen Ruf als auch für seinen Niedergang. Anfang Juni 1928 fiel ihm in der Zeitung eine Annonce des 18-jährigen Edward Budd auf, der Arbeit auf dem Land suchte. Fish antwortete auf die Anzeige und gab sich bei der verarmten Familie Budd als Frank Howard aus, einen Bauer aus Long Island, der einen willigen Arbeiter suchte. Abgesehen von „Mr. Howards" eher schäbiger Erscheinung war er ein höflicher Mann und die Familie Budd glaubte gerne an ihn als Gönner, besonders als er den anderen Kindern Dollarnoten gab. Als er den Rest der Familie kannte, entschied er sich gegen die Entführung des stämmigen Edward und widmete seine Aufmerksamkeit stattdessen der 12-jährigen Grace. Er überredete die Familie, sie auf eine Kinderfeier, die seine Schwester halten würde, mitnehmen zu dürfen.

Das war das letzte Mal, dass die Familie sie sah. Fish brachte Grace zu dem verlassenen Sommerhaus in Westchester. Dort erwürgte und zerstückelte er sie und aß über einen Zeitraum von neun Tagen soviel von ihrem Körper, wie er konnte, bevor er die Knochen hinter dem Haus vergrub.

Eine Großfahndung blieb erfolglos. Nur die Entschlossenheit von Detective Will King hielt den Fall am Leben. Selbst er hätte den Mann nie gefangen, wenn Fish nicht dem Drang erlegen wäre, mit seinen Verbrechen zu prahlen. 1934 schrieb er den Budds in einem Brief, was ihrer Tochter passiert war. Diese Widerwärtigkeit war sein Niedergang. Der Briefumschlag trug ein markantes Logo, das Detective King schließlich in eine New Yorker Absteige führte. Dort begegnete er Albert Fish endlich persönlich. Derart in die Enge getrieben, stürzte sich Fish mit einer Rasierklinge auf King, aber King überwältigte und verhaftete ihn.

In der Haft legte Fish ein ungewöhnliches, weitreichendes, obszönes Geständnis ab. Wie Grace Budd ermordete er 1929 auch den vierjährigen Billy Gaffney und 1934 den fünfjährigen Francis McDonnell. Die Frage war, ob seine Verteidigung, auf unschuldig wegen Unzurechnungsfähigkeit zu plädieren, akzeptiert werden würde. Fish war nach Meinung mehrerer Psychiater offensichtlich verrückt.

Die Geschworenen, die danach gierten, seine abscheulichen Verbrechen zu strafen, wiesen das psychiatrische Gutachten zurück und sprachen Fish schuldig. Er wurde zum Tod durch den elektrischen Stuhl verurteilt, was er förmlich genoss. Am 16. Januar 1936 wurde er im Gefängnis von Sing-Sing hingerichtet. Es heißt, dass er erst beim zweiten Anlauf starb. Angeblich versagte der elektrische Stuhl beim ersten Mal wegen eines Kurzschlusses aufgrund der vielen Nägel in Fishs Körper.

Ein Polizist mit einem elektromagnetischen Metalldetektor sucht ein vergrabenes Küchenmesser als Beweis gegen Albert Fish. Der Fall wurde als einer der berüchtigtsten aller Zeiten von den Medien intensiv verfolgt.

ED KEMPER

edmund Kemper, der „Co-Ed-Killer", war ein gestörtes Kind, das sehr groß, sehr intelligent und sehr gefährlich wurde. Seinen Spitznamen erhielt er wegen des Mordes an sechs Frauen, die er als Anhalter mitnahm. Es könnte mehrere Opfer gegeben haben, aber Kemper vermied es sorgfältig, Spuren zu hinterlassen. Er verlor jedoch jedes Gespür für Vorsicht, als sich seine Tötungswut gegen seine eigene Mutter richtete. Dieses Mal gab es nur einen offensichtlichen Verdächtigen.

SCHWIERIGE KINDHEIT

Edmund Kemper wurde am 18. Dezember 1948 in Burbank, Kalifornien, in einem an Serienmördern reichen Geburtsjahrgang geboren. Eine weitere Gemeinsamkeit mit anderen Serienmördern war die problematische Kindheit. Sein Vater, bekannt als E. E., war ein Held des Zweiten Weltkriegs und Gewehrsammler; seine Mutter hieß Clarnell. Das Paar trennte sich, als Ed neun Jahre alt war. Seine Mutter zog mit ihm und seiner Schwester nach Helena, Montana. Ed reagierte stark auf die Trennung und entwickelte Warnsignale für eine ernsthafte Störung. Er vergrub die Katze lebendig im Hintergarten, grub sie dann aus, schnitt ihr den Kopf ab, steckte ihn auf einen Stecken und bewahrte ihn als Trophäe in seinem Schlafzimmer auf. Er verstümmelte auch die Puppen seiner Schwester. Einmal vertraute er ihr an, dass er in eine Lehrerin verknallt sei. Scherzend fragte sie ihn, warum er sie nicht küsste. Edmund antwortete allen Ernstes, dass er „sie dazu erst töten müsste".

Nicht nur Edmunds Verhalten war beunruhigend, auch seine Größe war ein Problem. Seine Eltern waren sehr groß; als Teenager wurde er viel größer als die anderen und hatte trotz seiner Größe ungewöhnliche Angst davor, schikaniert zu werden. Sein Verhältnis zu seiner Mutter verschlechterte sich, bis sie es nicht mehr aushielt. Sie nannte ihn einen „wahren Spinner" und schickte ihn zu seinem Vater. Doch auch der konnte nicht mit ihm umgehen und schickte ihn im Alter von 15 Jahren zu seinen Großeltern auf ihre Farm in Kalifornien. Einige Zeit funktionierte diese Regelung einigermaßen, da das Landleben Edmund wenigstens genug Möglichkeiten bot, auf Vögel und andere Tiere zu schießen. Am 27. August 1964 begann er, anstatt Tieren auch Menschen zu töten. Er erschoss zuerst seine Großmutter und dann seinen Großvater.

Kemper wurde sofort verhaftet und – da er, um seine Taten zu erklären, sagte: „Ich wollte wissen, wie es sich anfühlt, Oma zu erschießen" – als geistig krank beurteilt und in eine geschlossene Anstalt in Atascadero eingewiesen. Fünf Jahre später, 1969, konnte Kemper, mittlerweile 2 m groß und 136 kg schwer, die Ärzte davon überzeugen, sich charakterlich geändert zu haben, und wurde bedingt in die Fürsorge seiner Mutter entlassen.

MANIPULIERTES AUTO

Dies war, gelinde gesagt, ein Fehler. Seine Mutter Clarnell war in die Collegestadt Santa Cruz an der San Francisco Bay übersiedelt. In den nächsten zwei Jahren wartete Kemper auf den richtigen Augenblick. Er bewarb sich bei der Polizei, wurde jedoch wegen seiner Größe abgewiesen. Unbeeindruckt wurde er in einer Polizeibar namens Jury Room zum Gewohnheitstrinker und freundete sich mit einigen Polizisten an. Er hatte Gelegenheitsjobs und kaufte sich ein Auto, ähnlich denen, die die Polizei als

Undercover-Fahrzeuge benutzten. Er nahm junge Anhalterinnen mit und verstand allmählich, sie zu beruhigen. Dann manipulierte er sein Auto, sodass sich die Beifahrertür von innen nicht mehr öffnen ließ. Rückblickend ist es offensichtlich, dass er nur auf seinen Moment wartete.

Dieser Moment kam schließlich am 7. Mai 1972, als er zwei 18-jährige Studentinnen, Mary Ann Pesce und Anita Luchessa, mitnahm, die zur Stanford University trampten. Er fuhr sie auf eine unbefestigte Straße, erstach beide und nahm sie dann mit in seine Wohnung. Er verging sich an den Leichen und machte Fotos von ihnen, bevor er ihnen die Köpfe abschnitt, die Leichen in Plastiksäcke steckte, an einem nahegelegenen Berghang vergrub und ihre Köpfe in eine Schlucht warf.

Vier Monate vergingen, bis er wieder tötete. Dieses Mal war die 15-jährige Aiko Koo sein Opfer.

Er erwürgte sie, vergewaltigte ihre Leiche und sezierte zu Hause ihren Körper. Ihr Kopf befand sich im Kofferraum seines Autos, als er am nächsten Tag zu einem Treffen mit Gerichtspsychologen fuhr – die sich über seine Fortschritte sehr erfreut zeigten und ihn offiziell für „sicher" erklärten.

Natürlich konnten sie kaum einen größeren Irrtum begehen. Nach vier Monaten ermordete Kemper eine weitere Studentin, Cindy Schell. Mit einem Gewehr erschoss er Schell, nachdem er sie in den Kofferraum seines Autos gezwungen hatte. Nun folgte er seinem Muster: Er vergewaltigte, köpfte und sezierte sie, bevor er die Leiche entsorgte. Ihren Kopf vergrub er im Garten seiner Mutter.

Weniger als einen Monat später schlug Kemper wieder zu. Diesmal traf es zwei weitere Anhalterinnen, Rosalind Thorpe und Alice Lin. Sie waren kaum ins Auto gestiegen, als er sie bereits erschoss. Er legte beide Leichen in den Kofferraum und ließ sie dort, während er mit seiner Mutter zum Abendessen ging. Danach köpfte er die beiden und vergewaltigte in seiner Wohnung Lins kopflose Leiche.

Kempers Wahnsinn war nun jenseits aller Kontrolle. Kurzfristig dachte er darüber nach, alle in seinem Block zu töten. Stattdessen aber beschloss er, noch näher an seinem Heim zu bleiben. Am Osterwochenende 1973 ermordete er seine Mutter mit einem Hammer, köpfte und vergewaltigte sie und wollte ihren Kehlkopf im Müllschlucker hinunterzwingen. In einem misslungenen Versuch, sein Verbrechen zu vertuschen, lud er Sally Hallett, eine Freundin der Mutter, ein und ermordete sie. Am Ostersonntag stieg er ins Auto und fuhr westwärts.

Als er Colorado erreichte, wurde ihm bewusst, dass sein Spiel aus war. An diesem Punkt rief er seine Freunde bei der Polizei von Santa Cruz an und

> **„Eine Seite von mir sagt, ich würde gerne mit ihr reden. Meine andere Hälfte fragt, wie ihr Kopf auf einem Stab aussieht."**

erzählte ihnen, was er getan hatte, wo und wann. Kempers Geständnis ließ keinen gerichtlichen Spielraum, außer den wegen Unzurechnungsfähigkeit. Die Geschworenen fanden ihn zurechnungsfähig und sprachen ihn in acht Mordfällen schuldig. Nach einer angemessenen Strafe gefragt, sagte er wiederholt „Tod durch Folter". Er wurde zu lebenslanger Haft verurteilt, die er noch immer verbüßt.

Kemper genießt seinen Ruf und schürt damit die Überzeugung des Gerichts, dass er ein Soziopath ist und kein Psychopath. Er gab mehrere Interviews (eines live zusammen mit John Wayne Gacy). Als er sich selbst die rhetorische Frage stellte: „Was denkst du, wenn du ein hübsches Mädchen auf der Straße siehst?", gab Kemper zur Antwort: „Eine Seite von mir sagt, ich würde gerne mit ihr reden, sie treffen. Meine andere Hälfte fragt sich, wie ihr Kopf wohl auf einem Stab aussehen würde."

Angesichts solcher Bemerkungen wurden Kempers Entlassungsgesuche abgewiesen.

JOACHIM KROLL

oachim Kroll, der „Ruhrkannibale", war gewissermaßen der urbildliche Serienmörder. Er war ein nervöser, sexuell unbefriedigter Einzelgänger und stellte meist jungen Mädchen und Teenagern nach. Ungewöhnlich an ihm war, dass sein Amoklauf nicht eskalierte, sondern mehr als 20 Jahre gleichmäßig blieb, bis er endlich gefangen wurde.

Kroll wurde am 17. April 1933 in Hindenburg/Ostdeutschland nahe der polnischen Grenze geboren. Seine Kindheit verbrachte er in den schrecklichen Kriegs- und Nachkriegsjahren des Zweiten Weltkriegs. Es war eine Zeit großer Armut und Hungers in Deutschland. Krolls Vater kam im Krieg in russische Gefangenschaft und kehrte nie zurück. 1947 floh seine Mutter mit ihm aus dem russisch besetzten Osten, um im industrialisierten Ruhrgebiet Westdeutschlands zu leben.

TOD DER MUTTER

Was den schüchternen, zurückgezogenen Joachim Kroll offenbar in den Wahnsinn trieb, war der Tod seiner Mutter im Januar 1955. Nur drei Wochen später, am 8. Februar, tötete Kroll erstmals, als er die 19-jährige Irmgard Srehl in einem Stall bei Lüdinghausen vergewaltigte und erstach.

Wie viele Menschen er im Laufe der nächsten 20 Jahre genau tötete, ist nicht bekannt. Die einzigen Morde, die man ihm zuschreiben kann, sind die, die er nach seiner Verhaftung gestand. Er war allerdings nicht sicher, ob er sich an alle erinnern konnte. Wir wissen jedoch, dass sein nächstes Opfer die 12-jährige Erika Schuleter war, die er in Kirchellen vergewaltigte und erwürgte.

1957 zog Kroll nach Duisburg, einer Industriestadt im Ruhrgebiet, wo er bis zu seiner Verhaftung lebte.

Am 16. Juni 1959 markierte er sein neues Territorium mit der Vergewaltigung und dem Mord an Klara Frieda Tesmer im Bezirk Rheinwiesen. Über einen Monat später, am 26. Juli, vergewaltigte und erwürgte er die 16-jährige Manuela Knodt in Essen. Diesmal ging Kroll jedoch mit seiner Perversion einen Schritt weiter. Er schnitt Teile aus ihrem Gesäß und Schenkel, nahm sie mit und aß sie. Die Polizei verhaftete später einen zwanghaften Bekenner namens Horst Otto wegen dieses Mordes.

LUST AUF MENSCHENFLEISCH

Nach dreijähriger Pause vergewaltigte und strangulierte Kroll 1962 Barbara Bruder in Burscheid. Am 23. April desselben Jahres wurde Petra Giese von einem Jahrmarkt in Dinslaken-Brückhausen entführt, vergewaltigt und stranguliert. Erneut schnitt er das Gesäß des Mädchens ab, um es zu essen, was fortan sein ständiges Markenzeichen war. Kroll war eindeutig auf den Geschmack von Menschenfleisch gekommen. Über einen Monat später, am 4. Juni 1962, wurde er wieder schwach. Diesmal war das Opfer die 14-jährige Monika Tafel, die tot in einem Maisfeld in Walsum aufgefunden wurde, und wieder wurden Fleischstücke aus dem Gesäß entfernt. Diese Mordserie löste einen Eklat aus. Die Einwohner von Walsum identifizierten bald Walter Quicker, einen 34-jährigen Pädophilen, als Verdächtigen. Kurz darauf erhängte er sich.

LIEBESNEST IM PARK

Kroll scheint sich die nächsten drei Jahre ruhig verhalten zu haben, vielleicht aus Angst wegen der intensiven Ermittlungen in Walsum. Dann, am 22. August 1965, schlich er sich in einem Park in

Zu „neunmal lebenslang" verurteilt, starb Kroll im Juli 1991 im Gefängnis an einem Herzinfarkt und verbüßte nur vierzehn Jahre seines Urteils.

Großenbaum-Duisburg, wo Verliebte gerne parkten, an ein Paar heran. Er erstach den Mann, aber bevor er die Frau attackieren konnte, entkam sie.

Ein weiteres Jahr verging, bis er Ursula Rohling am 13. September 1966 in einem Park in Marl, nördlich von Duisburg, erwürgte. Diesmal stand ihr Freund Adolf Schickel unter Verdacht und auch er nahm sich bald das Leben. Drei Monate später kehrte Kroll nach Essen zurück und entführte sein bis dahin jüngstes Opfer, die 5-jährige Ilona Harke. Per Bahn und Bus brachte er sie ins Feldbachtal und vergewaltigte sie. Anders als sonst ertränkte er sie, was er später mit schlichter Neugier erklärte.

Am 22. Juni des nächsten Jahres lockte Kroll die 10-jährige Gabrielle Püttmann in ein Feld und zeigte ihr pornographische Bilder. Sie fiel in Ohnmacht, wurde aber von Passanten gerettet. Kroll konnte vom Tatort entkommen.

UNSCHULDIGE OPFER

Er wartete wieder, bevor er sein nächstes Opfer vergewaltigte und ermordete. Diesmal war es eine ältere Frau, die 61-jährige Maria Hettgen, an der er sich am 12. Juli 1969 in ihrem Haus verging. Ein Jahr später, am 21. Mai 1970, vergewaltigte und erwürgte er die 13-jährige Jutta Rahn auf dem Heimweg von der Schule. Ihr Nachbar, Peter Schay, wurde verdächtigt und verbrachte für das Verbrechen 15 Monate im Gefängnis.

Sechs Jahre vergingen, bevor Kroll wieder eine Schülerin, Karin Töpfer, in Dinslaken-Voerde vergewaltigte und erwürgte. Am 3. Juli 1976 fiel ihm als letzte und jüngste die 4-jährige Marion Ketter zum Opfer. Ihr Verschwinden löste eine Großfahndung durch Nachbarn und Polizei aus.

An diesem Punkt schrie Kroll scheinbar danach,

„**Es schien,
als ob Kroll
danach
schrie,
gefangen zu
werden.**"

verstopften das Rohr. Sofort wurde die Polizei zu Krolls Wohnung gerufen, wo sie Säcke mit menschlichem Fleisch im Kühlschrank fand und eine Hand des Kindes, die am Herd zusammen mit Karotten und Kartoffeln kochte.

Kroll wurde verhaftet und gestand sofort seine 20-jährige Geschichte als Mörder. Nach drei Jahren kam der Fall endlich vor Gericht und nach drei weiteren langen Prozessjahren wurde er in acht Fällen des Mordes und einem Fall des versuchten Mordes für schuldig gesprochen. Er wurde zu neunmal lebenslanger Haft verurteilt. Am 1. Juli 1991 starb er im Gefängnis an einem Herzinfarkt.

gefangen zu werden. Ein Bewohner seines Wohnblocks beschwerte sich bei ihm, dass seine Toilette verstopft war; Kroll antwortete offenbar, dass die Toilette offenbar „voller Eingeweide" sei. Der Nachbar konnte damit nichts anfangen, aber bei einem Klempnerbesuch zeigte sich, dass Kroll nicht scherzte. Die Lunge des Kindes und andere Organe

PÄRCHEN

DES TEUFELS

Serienmord ist meist ein einsames Geschäft, etwas Krankes, zu-
sammengesponnen in den Tiefen einer isolierten, geschädigten
Seele. Der typische Serienmörder ist ein wahnsinniger Einzelgänger, der im Schatten agiert. Daher ist es besonders beunruhigend, auf
Serienmörder zu stoßen, die im Team tätig sind, denen es gelungen ist,
andere zu finden, die ihre Perversion teilen. Obwohl es Beispiele für Se-
rienmörder-Teams gibt, die bloß Freunde sind (etwa Kenneth Bianchi und
Angelo Buono oder Leonard Lake und Charles Ng), ist das Liebespaar der
häufigste Typ. Es ist abstoßend, eine Liebe zu betrachten, die so pervers
ist, dass Paare zu ihrer sexuellen Befriedigung sogar das Morden teilen.

Man nehme etwa den Fall von Douglas Clark und Carol Bundy. Während
es durchaus vorstellbar ist, dass ein Mann wie Clark vergewaltigt und tötet, ist es schier unglaublich, dass er den abgetrennten Kopf eines seiner
Opfer nach Hause bringt und seine Geliebte, Carol Bundy, erst Make-up
auf das Gesicht der Toten aufträgt und dann wohlwollend zusieht, wie
Clark einen Akt der Nekrophilie an dem Kopf begeht.

Weniger bizarr, aber vielleicht noch schockierender ist der Fall von Paul
Bernardo und Karla Homolka, bei dem Homolka ihre eigene 15-jährige
Schwester betäubte, sodass Bernardo sie vergewaltigen konnte. Oder der
Fall der britischen Mörder Ian Brady und Myra Hindley, bei dem Hindley
junge Mädchen in Bradys Klauen lockte und sich an deren Folter beteiligte,
bevor Brady sie ermordete. Es ist diese Perversion der Liebe – und insbesondere das Gegenteil von dem, was wir herkömmlich als den zivili-
sierenden Einfluss der Frau sehen – was die verstörenden Geschichten
dieser teuflischen Pärchen so hochgradig beunruhigend macht.

DOUGLAS CLARK
UND CAROL BUNDY

ouglas Clark und Carol Bundy schienen ein ungleiches Paar zu sein. Doug war ein gutaussehender Mann aus gutem Haus, ein 32-jähriger Charmeur, nach dem sich eine Reihe von Frauen sehnte. Carol war geschieden, hatte dicke Brillen und ein Gewichtsproblem. Fünf Jahre älter als Clark, trennte sie sich kurz zuvor von einem gewalttätigen Ehemann und arbeitete als Krankenschwester. Doch in Wahrheit hatte das Paar viel gemeinsam: Beide waren sexuell getrieben, beiden mangelte es an moralischen Maßstäben und zusammen starteten sie eine Serie sexuell motivierter Morde.

„KÖNIG DES ONE-NIGHT-STANDS"

Douglas Daniel Clark wurde 1948 als Sohn des Navy-Nachrichtendienstoffiziers Franklin Clark geboren. In Dougs Kindheit übersiedelte die Familie oft wegen der Arbeit des Vaters. Er gab später an, in 37 Ländern gelebt zu haben. 1958 verließ der Vater die Navy, um eine zivile Stellung als Ingenieur bei der Transport Company of Texas anzunehmen. Manche Quellen deuten jedoch an, dass dies bloß ein Deckmantel zur Fortsetzung der Geheimdiensttätigkeit war. So oder so war das Nomadenleben der Familie nicht zu Ende. Eine Zeit lang lebten sie auf den Marshall-Inseln, danach zogen sie zurück nach San Francisco und übersiedelten dann wieder nach Indien. Für einige Zeit wurde Doug auf eine exklusive internationale

Schule nach Genf geschickt. Später ging er auf die angesehene Culver-Militärakademie, während sein Vater nach wie vor um die Welt zog. Als Doug 1967 graduierte, bewarb er sich bei der Air Force.

An diesem Punkt begann sein Leben jedoch abzugleiten. Er wurde aus der Air Force entlassen und trieb sich die nächsten zehn Jahre herum, arbeitete oft als Mechaniker, konzentrierte sich aber eigentlich nur auf sein Talent als Sex-Athlet: Gerne nannte er sich „König des One-Night-Stands". In den 70er Jahren wurde zwangloser Sex zumindest in den Großstädten ein weitverbreitetes, gesellschaftlich akzeptiertes Phänomen. Doug Clark, ein glattzüngiger, gut ausgebildeter junger Mann, zog seinen Vorteil aus dieser veränderten Moral der Nation.

Nirgendwo war sein Lebenswandel so verbreitet wie in Los Angeles. Schließlich zog Doug Clark dorthin und nahm eine Stelle in einer Fabrik in Burbank an. Eine der Bars, die er gerne und oft aufsuchte, um Frauen abzuschleppen, war Little Nashville in North Hollywood, wo er 1980 Carol Bundy traf.

Berichterstatter äußerten sich ausgiebig über die äußerlichen Unterschiede bei dem Paar.

Clark zeigte sich vor Gericht stets als Verkörperung des charmanten und souveränen Mannes.

Bundy war 37 Jahre alt. Sie hatte eine problematische Kindheit gehabt: Ihre Mutter starb, als sie noch klein war, und ihr Vater missbrauchte sie. Als ihr Vater wieder heiratete, steckte er sie in verschiedene Pflegeheime. Im Alter von 17 Jahren heiratete Bundy einen 56-jährigen Mann. Zu dem Zeitpunkt, als sie Clark traf, war sie kurz zuvor aus ihrer dritten Ehe mit einem gewalttätigen Ehemann geflohen, mit dem sie zwei kleine Söhne hatte, und

hatte eine Affäre mit dem Manager ihres Wohnblocks, einem Teilzeit-Countrysänger namens John Murray, begonnen. Sie hatte sogar versucht, Murrays Frau zu bestechen, damit diese ihn verließ. Murrays Frau war nicht erfreut darüber und befahl ihrem Mann, Bundy aus dem Block zu werfen. Damit war ihre Verliebtheit jedoch nicht zu Ende und Bundy zeigte sich nach wie vor an Orten, wo Murray sang. Einer davon war Little Nashville.

Clark, ein erfahrener Frauenmanipulator, sah schnell, wie er von der Verführung der übergewichtigen und offensichtlich bedürftigen Bundy profitieren konnte. Er setzte seinen Charme ein und eroberte sie sofort. Bald zog er in ihre Wohnung und entdeckte, dass er mit dieser Frau seine immer dunkleren sexuellen Fantasien teilen konnte.

PROSTITUIERTE

Er begann damit, Prostituierte mit in die Wohnung zu nehmen um mit ihnen beiden Sex zu haben. Dann entwickelte er ein Interesse für das 11-jährige Nachbarmädchen. Carol half, das Kind zu sexuellen Spielen und zum Posieren für Sexfotos zu verlocken. Allerdings war der Bruch des Pädophilie-Tabus noch nicht genug für Clark. Er fing an,

Berichten zufolge spielt Clark im Todestrakt Bridge mit seinen Mithäftlingen, den Serienmördern Lawrence Bittaker und William Bonin.

darüber zu sprechen, wie gerne er ein Mädchen beim Sex töten würde, und brachte Carol dazu, ihm zwei Automatikpistolen zu besorgen.

Das Töten begann im Juni 1980. Clark kam nach Hause und erzählte Bundy von den zwei Teenagern, die er an diesem Tag am Sunset Strip aufgelesen und anschließend ermordet hatte. Er hatte ihnen befohlen, ihn oral zu befriedigen und dann beiden in den Kopf geschossen, bevor er sie in eine Garage brachte und die Leichen vergewaltigte. Danach warf er sie neben den Ventura Freeway, wo sie am nächsten Tag gefunden wurden. Carol war von diesen Neuigkeiten so schockiert, dass sie die Polizei anrief und gestand, etwas über die Morde zu wissen, doch sie weigerte sich, Hinweise, etwa zur Identität des Mörders, zu liefern.

GUT GEKÜHLTE ÜBERRESTE

Zwölf Tage später, als Clark wieder tötete, hatte Bundy ihre Skrupel offenbar bereits überwunden. Die Opfer waren Karen Jones und Exxie Wilson, zwei Prostituierte. Clark nahm sie erneut mit, erschoss sie und lud ihre Leichen offen sichtbar ab. Diesmal beschloss er aber, eine Trophäe mitzunehmen: Wilsons Kopf. Zu Hause überraschte er Bundy, als er ihn aus ihrem Kühlschrank holte. Sie schminkte den Kopf, bevor ihn Clark zu einem weiteren Akt der Nekrophilie missbrauchte. Zwei Tage später gaben sie den gereinigten Kopf in eine Schachtel und warfen diese in eine schmale Gasse. Drei Tage danach wurde eine weitere Leiche in den Wäldern des San Fernando Valley gefunden. Das Opfer war eine Ausreißerin namens Marnette Comer, die scheinbar drei Wochen zuvor getötet worden war und daher als Clarks erstes bekanntes Opfer gilt.

Clark wartete einen Monat, bevor er wieder tötete. Bundy war noch immer von John Murray betört. Sie ging zu einem seiner Auftritte im Little Nashville und nach ein paar Drinks drehte sich das Gespräch um die Dinge, die sie und Clark anstellten. Die Anspielungen erschreckten Murray und er deutete an, er würde die Polizei verständigen. Um dies zu verhindern, lockte Bundy Murray mit dem Versprechen, mit ihm zu schlafen, nach einer Show in seinen Van. Dort erschoss und köpfte sie ihn. Allerdings hinterließ sie zahlreiche Spuren: Bundy und Murray waren zusammen in der Bar gesehen worden und sie ließ Patronenhülsen im Van zurück. Bundy hielt den Druck nicht aus. Nach zwei Tagen gestand sie ihren entsetzten Kollegen, dass sie

> **„Zwölf Tage später, als Clark wieder tötete, hatte Bundy ihre Skrupel überwunden."**

Murray ermordet hatte. Sie riefen die Polizei und Bundy legte ein umfangreiches Geständnis über ihre und Clarks Verbrechen ab.

Clark wurde sofort verhaftet, die Waffen fand man an seinem Arbeitsplatz versteckt. Bundy wurde wegen zwei Morden angeklagt: Murray und das unbekannte Opfer, bei dessen Ermordung sie, wie sie gestand, anwesend gewesen war. Clark wurde wegen sechs Morden angeklagt. Er vertrat sich selbst, versuchte, Bundy für alles verantwortlich zu machen, und stellte sich als unschuldigen Betrogenen dar. Die Geschworenen glaubten ihm nicht. Er wurde zum Tod verurteilt, während Bundy lebenslang erhielt. Doch Bundy starb vor ihm, am 9. Dezember 2003 mit 61 Jahren im Gefängnis. Indessen fechtet Clark weiterhin sein Urteil an.

PAUL BERNARDO UND KARLA HOMOLKA

Oberflächlich schienen Paul Bernardo und Karla Homolka die ungewöhnlichsten aller Serienmörder zu sein. Sie waren ein junges kanadisches Mittelklassepaar, beide gutaussehend und blond. Diese angeblichen Vorzeigebürger vergewaltigten, folterten und ermordeten jedoch gemeinsam mindestens drei junge Frauen, darunter Karlas eigene Schwester Tammy. Im Prozess beschuldigte Karla ihren gewalttätigen Ehemann Paul aller Verbrechen. In der Folge zeigten die Beweise allerdings, dass sie genauso tief darin verstrickt war. Man kann jedoch vielleicht sagen, dass Homolka ohne Bernardo wahrscheinlich nie gemordet hätte – während Bernardo es fast sicher getan hätte, ob mit oder ohne eine Geliebte als Helferin.

GEWALTTÄTIGER VATER

Paul Bernardo wurde im August 1964 in Scarborough, einer wohlhabenden Vorstadt von Toronto, als drittes Kind des Rechnungsprüfers Kenneth Bernardo und der Hausfrau Marilyn geboren. Zumindest glaubte Paul das, während er aufwuchs; doch als er 16 Jahre alt war, offenbarte ihm seine Mutter, der Sprössling einer Affäre zu sein. Zu dieser Zeit war es mehr als deutlich, dass bei den scheinbar ehrbaren Bernardos nicht alles in Ordnung war. Kenneth misshandelte seine Frau körperlich und seine Tochter sexuell; inzwischen war Marilyn stark übergewichtig geworden und buchstäblich an das Haus gefesselt.

Dennoch schien Paul bis dahin ein glückliches, wohlerzogenes Kind zu sein, das gerne bei den Pfadfindern mitmachte. Erst als er ein junger Mann wurde, zeigte sich eine dunklere Seite in seinem Wesen. Er war gutaussehend, charmant und, wenig überraschend, bei Frauen beliebt. Seine sexuellen Vorlieben erwiesen sich aber als alles andere als bezaubernd. Die Frauen, mit denen er ausging, schlug er, fesselte sie und zwang sie zum Analsex. Dieses Verhalten setzte sich während seiner Zeit an der University of Toronto fort; damals betrieb er durch Zigarettenschmuggel in die USA auch einen lukrativen Nebenjob. Nach dem College wurde er Steuerberater bei Price Waterhouse. Nicht lange danach, im Oktober 1987, lernte er bei einem Haustierkongress in Toronto Karla Homolka kennen.

Karla Homolka wurde am 4. Mai 1970 in Port Credit, Ontario, als Tochter von Dorothy und Karel Homolka geboren. Sie hatte zwei Schwestern, Lori und Tammy. Wie die Bernardos waren die Homolkas eine Mittelklassefamilie, aber in diesem Fall eine anscheinend wirklich glückliche. Karla war beliebt und besuchte die Sir Winston Churchill Highschool. Danach wurde sie Tierarzthelferin und arbeitete in einer Tierklinik, wo sie Paul Bernardo traf.

DUNKLE FANTASIEN

Anders als die meisten früheren Freundinnen fühlte sich Karla vom sexuellen Sadismus ihres neuen Freundes nicht abgestoßen. Sie machte begeistert mit und ermutigte ihn, noch tiefer in seine dunklen Fantasien vorzudringen. Bald hieß das, Frauen

zum Vergewaltigen zu finden. In den folgenden paar Jahren vergewaltigte Bernardo sicher mehr als ein Dutzend Frauen in der Umgebung von Scarborough. Es ist nicht klar, inwieweit Homolka involviert war. Ein Opfer berichtete jedenfalls, hinter dem Vergewaltiger eine Frau gesehen zu haben, die das Geschehen filmte.

Die Polizei war lange mit dem Fall beschäftigt. 1990 erschien schließlich ein Phantombild, das zur sofortigen Identifizierung von Paul Bernardo führte. Seine Blutprobe zeigte, dass er dieselbe Blutgruppe wie der Vergewaltiger hatte, doch es wurden weitere Tests gefordert. Das Polizeilabor benötigte unglaubliche drei Jahre für detaillierte Tests, die endgültig bewiesen, dass Paul Bernardo der

»Karla war vom sexuellen Sadismus ihres Freundes nicht abgestoßen.«

»Sie vergewaltigten Tammy und nahmen das Geschehen auf Video auf.«

„Vergewaltiger von Scarborough" war. Zu jener Zeit war er allerdings auch schon ein Mörder.

Irgendwann war das Vergewaltigen von Fremden für Bernardo nicht mehr genug. Er träumte davon, Karlas 15-jährige Schwester Tammy zu vergewaltigen. Einmal mehr war Karla eine willige Komplizin. Am 24. Dezember 1990 machte Karla Tammy betrunken und verabreichte ihr das Mittel Halothan, gestohlen aus der Tierklinik, in der sie arbeitete.

Dann vergewaltigten Paul und Karla sie und nahmen das Geschehen auf Video auf. Sie hatten anfangs nicht vor, Tammy zu töten, aber als Folge der Narkose erstickte Tammy an ihrem Erbrochenen und starb auf dem Weg ins Krankenhaus. Offizielle Todesursache war Ersticken. Für Karlas trauernde Eltern war die Tragödie ein Unfall, den sie Tammys übermäßigem Alkoholgenuss zuschrieben.

SEELENEHE

Karla trauerte kurz, war aber bald in die Vorbereitungen für ihre Hochzeit in diesem Sommer vertieft. Ein paar Wochen davor lockte sie Jane, eine ihrer Freundinnen, ins Haus und erteilte ihr dieselbe Behandlung wie ihrer Schwester. Allerdings überlebte Jane das Ereignis und erwachte verwirrt und mit Schmerzen aus ihrer Narkose, wusste aber nicht, dass sie von Paul und Karla vergewaltigt worden war. Diese Gedächtnislücke rettete ihr zweifellos das Leben.

Ihr nächstes Opfer, die 14-jährige Leslie Mahaffy, hatte nicht so viel Glück. Paul entführte sie am 15. Juli 1991 und das Paar vergewaltigte und folterte das Mädchen 24 Stunden lang. Karla filmte das Geschehen, bevor Paul Leslie schließlich tötete. Ihre Leiche wurde kurz darauf verstümmelt und einzementiert am Lake Gibson gefunden. Am selben Tag heirateten Paul und Karla in einer aufwendigen Zeremonie bei Niagara.

Vier Monate später, am 30. November 1991, verschwand die 14-jährige Terri Anderson. Sie könnte von Bernardo und Homolka ermordet worden sein, aber der Fall ist bis dato ungelöst. Ihr letztes Opfer war die 17-jährige Kristen French, die am 16. April 1992 auf einem Kirchenparkplatz entführt wurde. Diesmal ließ das Paar sein Opfer drei Tage am Leben, in denen die beiden Kristen vergewaltigten und folterten. Schließlich ermordeten sie sie, als sie feststellten, dass sie zu einem Osteressen im Haus von Karlas Eltern erwartet wurden.

Dies war der letzte Mord, den das Paar beging. Im Sommer 1992 begann Bernardo, seine Wut an Homolka auszulassen, und im Januar 1993 verließ sie ihn. Im darauffolgenden Monat führte das Polizeilabor endlich den Test mit Bernardos Blutprobe durch und entdeckte, dass er der Scarborough-Vergewaltiger war. Da Bernardos Name auch im Zuge der Ermittlungen in den Morden an Mahaffey und French auftauchte, setzte die Polizei schließlich den ganzen Fall zusammen. Homolka stellte sich erfolgreich als weiteres Opfer des dominanten Bernardo dar und stimmte einem Handel mit dem Staatsanwalt zu, bei dem sie sich des Totschlags für schuldig bekennen und eine zwölfjährige Gefängnisstrafe erhalten würde, um im Gegenzug gegen Bernardo auszusagen.

WILLIGE PARTNERIN

Homolkas Prozess begann im Juni 1993. Sie spielte wieder die missbrauchte Ehefrau und erhielt das vereinbarte Urteil. Zwei Jahre später jedoch, als Bernardos Prozess begann und die Staatsanwaltschaft Bernardos Videos als neuen Beweis vorlegte, konnten der Richter und die Geschworenen nur allzu detailliert sehen, was für eine willige Partnerin Homolka bei der Vergewaltigung und Folter von Mahaffey und French gewesen war. Bernardo tat alles, um die Schuld wieder auf Homolka zu schieben, doch die Videos waren absolut belastend und er erhielt eine lebenslange Haftstrafe. Homolka wurde im Juli 2005 entlassen, was viele Kanadier mit Schaudern und Unglauben verfolgten.

IAN BRADY UND MYRA HINDLEY

roßbritannien hatte andere furchtbare Serienmörder als Ian Brady und Myra Hindley. Niemand aber erregte so viel Aufmerksamkeit oder wurde dermaßen zur Verkörperung des Bösen wie dieses Paar, die „Moors Murderers" („Moormörder"), die in den frühen 60er-Jahren mindestens fünf Kinder folterten und töteten. Im Zentrum des Grauens stand Myra Hindley, denn bis dato waren nur Männer als Sexualmörder an Kindern bekannt. Dass sich eine Frau beteiligt haben sollte, schien so widernatürlich, dass Hindley zu Großbritanniens größter Hassfigur wurde, mehr verachtet sogar als die treibende Kraft bei den Verbrechen, Ian Brady.

Ian Brady wurde am 2. Januar 1938 in Glasgow,

Myra Hindley in jener Kleidung, in der sie sich mit Kindern anfreundete, um sie gemeinsam mit Brady zu ermorden.

Schottland, geboren. Seine Mutter, Peggy Stewart, war zu dieser Zeit ledig und außerstande, ihr Kind zu unterstützen. Sie gab ihr Baby mit vier Monaten in die Obhut von John und Mary Sloane, einem Paar mit vier eigenen Kindern. Peggy besuchte ihren Sohn noch eine Zeit lang, aber ohne preiszugeben, dass sie seine leibliche Mutter war. Als ihr Sohn zwölf Jahre alt war, stellte sie die Besuche ein, da sie mit ihrem neuen Mann, Patrick Brady, nach Manchester, England, zog.

Ian war ein schwieriges Kind, intelligent, aber ein Einzelgänger. Als Teenager schaffte er zwar die Aufnahmeprüfung an einer guten Schule, der Shawlands Academy, drehte aber ansonsten völlig durch.

Nazideutschland und insbesondere Adolf Hitler faszinierten ihn, er fehlte oft in der Schule und beging Diebstähle. Mit 16 Jahren war er bereits dreimal in Haft gewesen. Die Besserungsanstalt blieb ihm nur deshalb erspart, weil er zustimmte, Glasgow zu verlassen und bei seiner leiblichen Mutter Peggy in Manchester zu leben.

Als er 1954 in Manchester eintraf, bemühte er sich um Anpassung und nahm den Namen seines Stiefvaters an. Er arbeitete als Portier, hatte aber innerhalb eines Jahres wieder Probleme. Er kam wegen Diebstahls ins Gefängnis und beschloss dort, Profikrimineller zu werden. Mit diesem Ziel erlernte er Buchhaltung. Nach seiner Entlassung arbeitete

PÄRCHEN DES TEUFELS

Die Polizei veranstaltete eine große, von der Öffentlichkeit unterstützte Suche im Moor. Bis zum heutigen Tag wurde die Leiche eines der Opfer nicht gefunden.

er als Hilfsarbeiter und suchte ein passendes kriminelles Betätigungsfeld. Als er nichts fand, machte er von seinen neuen Fähigkeiten konventionelleren Gebrauch und fing als Buchhalter bei Millwards Merchandising an. Im Jahr darauf begann dort eine neue Sekretärin: Myra Hindley.

BABYSITTER

Myra Hindley wuchs etwas konventioneller auf als Brady. Sie wurde am 23. Juli 1942 in Manchester als ältestes Kind von Nellie und Bob geboren. Während der Kriegsjahre, als Bob in der Armee war, lebte die Familie bei Myras Großmutter, Ellen Maybury. Später, als Bob und Nellie Schwierigkeiten hatten, die Nachkriegsjahre zu bewältigen, ging Myra zurück zu ihrer Großmutter, die ihr ergeben war. Während der Schulzeit wurde Myra als intelligentes, allerdings nicht übermäßig ehrgeiziges Kind gesehen, das Schwimmen liebte. Als Jugendliche war sie eine beliebte Babysitterin.

Als sie mit 16 Jahren die Schule verließ, wurde sie Angestellte bei einem technischen Betrieb. Kurz darauf verlobte sie sich mit einem einheimischen Jungen, Ronnie Sinclair. Sie beendete jedoch die Beziehung, da sie anscheinend vorhatte, ein aufregenderes Leben zu führen. Dieser Wunsch ging nur allzu furchtbar in Erfüllung, als sie an ihrer neuen Stelle mit Ian Brady zusammenarbeitete.

Hindley verliebte sich bald in den mürrischen, grüblerischen Brady. Es dauerte ein Jahr, bevor er ihr Interesse erwiderte, doch als sie zum Liebespaar wurden, merkte er, dass er die perfekte Besetzung für seine immer dunkleren Fantasien gefunden hatte. Brady hatte zuvor wie besessen gelesen. Seine Favoriten waren Dostojewskis *Schuld und*

> **„Brady hielt sich für eine Art Übermensch jenseits der Grenzen von Gut und Böse."**

Sühne, Hitlers *Mein Kampf*, Marquis de Sades *Justine* und andere, weniger pathetische Bücher über Sadomasochismus. Brady sah sich zunehmend als eine Art Übermensch, jenseits der Grenzen von Gut und Böse. Die ergebene Myra sog all das auf. In den ersten gemeinsamen Jahren wurde sie mit getöntem Haar und Make-up zur arischen Blondine aus Bradys Fantasien. Sie traf ihre Freunde nicht mehr und widmete sich nur ihrem Geliebten.

1964 führte Brady sie in das nächste Stadium ihrer Beziehung ein: ein Leben als Verbrecher.

Zuerst wollte er eine Bank überfallen. Die gehorsame Myra trat einem Schießclub bei und beschaffte ihm zwei Waffen. Noch bevor der Überfall stattfand, änderte Brady allerdings seine Meinung. Er wollte keinen Raub begehen, sondern einen Mord.

Erstes Opfer

Ihr erstes Opfer war die 16-jährige Pauline Reade. Das Paar lauerte Reade am 12. Juli 1963 auf dem Weg zum Tanz auf. Sie lockten sie in das Saddleworth-Moor, wo Brady sie vergewaltigte und ihr die Kehle durchschnitt. Dann vergruben sie sie dort.

Da sie davongekommen waren, meinte Brady am 11. November, es wäre wieder Zeit zum Töten. Das Opfer war diesmal der 12-jährige John Kilbride, den sie aus Ashton-under-Lyme entführten. Sieben Monate später wurde im Juni 1964 der 12-jährige Keith Bennett in der Nähe seines Elternhauses in Manchester entführt. Beide Jungen wurden vergewaltigt, ermordet und im Moor verscharrt.

Nach sechs Monaten schlugen sie am Stefanitag 1964 wieder zu. Diesmal nahmen sie ein Mädchen, die 10-jährige Lesley Ann Downey. Mit Hindleys Unterstützung machte Brady pornographische Fotos von ihr, die er reichen Perversen verkaufen wollte. Das Paar, nun gänzlich dem Bösen verfallen, nahm die Folterung des panischen kleinen Mädchens sogar auf Tonband auf. Schließlich vergewaltigte Brady sie. Entweder er oder Hindley – je nachdem, wessen Darstellung man glaubt – erwürgte sie, bevor sie sie im Moor bei den anderen vergruben.

Brady begann, bei Hindleys Schwager David Smith mit seinen Taten zu prahlen. Er wurde wütend, weil Smith ihm nicht glaubte, und überredete Hindley, Smith am 6. Oktober 1965 in ihr Haus

Die Mutter des Opfers Lesley Ann Downey verfolgt die Suche nach der Leiche ihres Kindes.

mitzunehmen, als er gerade dabei war, sein aktuelles Opfer, den 17-jährigen Edward Evans, zu beseitigen. Smith war nicht beeindruckt, sondern schockiert und ging am nächsten Morgen zur Polizei. Sie durchsuchte das Haus und fand Evans' Leiche. Weitere Ermittlungen führten sie zum Moor, wo sie die Leichen von Downey und Kilbride fand. Dann fand man eine Schachtel mit den Fotos und dem Tonband, das den Downey-Mord dokumentierte. Im Prozess versuchten beide, David Smith zu beschuldigen, aber aufgrund des Tonbandbeweises wurden beide wegen Mordes verurteilt.

Brady und Hindley erhielten jeweils lebenslang. Hindley beteurte lange Zeit ihre Unschuld, akzeptierte aber schließlich eine Teilschuld. Brady sah seine Schuld ein und gestand später fünf weitere Morde, die unbewiesen bleiben. 2002 veröffentlichte er ein Buch über Serienmörder, das in Großbritannien heftige Kontroversen auslöste. Im selben Jahr starb Myra Hindley im Gefängnis.

CHARLES STARKWEATHER UND CARIL FUGATE

er Fall von Charles Starkweather und Caril Fugate ist faszinierend, wenngleich schockierend. Charles Starkweather war ein rebellischer 19-Jähriger mit James Dean als Idol. Caril Fugate war seine minderjährige Freundin. Zusammen führten sie einen beispiellosen Feldzug, ermordeten Familienmitglieder, Freunde, Fremde und jeden, der sich ihnen in den Weg stellte. Schließlich holte sie das Gesetz ein und sie wurden einer Reihe von Morden für schuldig befunden. Starkweather wurde zum Tode verurteilt; da Caril Fugate zum Zeitpunkt ihrer Verurteilung erst 14 Jahre alt war, wurde ihr Urteil in lebenslang umgewandelt. Warum das Paar plötzlich eine solch unglaubliche Gewalt gegenüber seinen Opfern an den Tag legte und überall, wo es war, eine Blutspur hinter sich ließ, bleibt bis heute ein Rätsel.

GEWALTTÄTIGER RUF

Charles Starkweather kam aus Nebraska und war eines von sieben Kindern. Seine Familie war arm, aber unauffällig. Als er zur Schule ging, wurde er jedoch gehänselt. Er wurde hypersensibel und raufte oft mit anderen Jungs aus seiner Klasse. Wie ein Wahnsinniger griff er seine Mitschüler an und erwarb so bald einen Ruf wegen seiner Gewalttätigkeit. Er und sein enger Freund Bob Von Busch vergötterten den Filmstar James Dean; sie imitierten ihren Helden bis ins kleinste Detail, was Bobs Freundin Barbara Fugate und deren jüngere Schwester Caril beeindruckte.

Charles war nicht besonders intelligent, aber das störte die junge, leicht zu beeindruckende Caril nicht, die selbst auch nicht allzu klug war. Sie gingen miteinander aus, obwohl Caril erst 13 Jahre alt war. Bald stellte sich heraus, dass Charles völlig vernarrt in seine neue Freundin war und er prahlte, dass er sie heiraten werde und dass sie mit seinem Kind schwanger war – eine Behauptung, mit der er sich, auch wenn sie nicht zutraf, bei Carils Eltern nicht gerade beliebt machte.

TÖDLICHER RAUB

Starkweather verließ die Schule mit 16 Jahren und begann, in einem Zeitungslager zu arbeiten. Er gab den Job jedoch bald wieder auf und fing als Müllfahrer an, hauptsächlich um Caril öfter zu sehen, wenn sie von der Schule kam. Er war von zu Hause in eine Pension gezogen, stellte aber nun fest, dass er die Miete nicht zahlen konnte. Sein Leben in Armut frustrierte ihn immer mehr. Er sah sich in einer Situation gefangen, in der es keine Zukunft für ihn oder seine Freundin gab. Schließlich riss ihm der Geduldsfaden, als sich ein Tankwart weigerte, ihm ein Stofftier für Caril auf Kredit zu geben, und er beschloss, die Dinge selbst in die Hand zu nehmen.

Um drei Uhr morgens in einer eiskalten Dezembernacht 1957 kehrte Starkweather wieder zu der

Tankstelle zurück. Dort raubte er den 20-jährigen Robert Colville, jenen Angestellten, der ihm kurz zuvor den Kredit verweigert hatte, aus. Dann brachte er ihn in eine verlassene Gegend und erschoss ihn.

Sein nächstes Verbrechen war noch unglaublicher. Er fuhr zu Carils Haus, wo er nach einem handgreiflichen Streit ihre Mutter Velda und ihren Stiefvater Marion Bartlett erschoss und ihre kleine Halbschwester Betty Jean erstach. Dann zerrte er

„Starkweather vergötterte James Dean und imitierte ihn bis ins Detail."

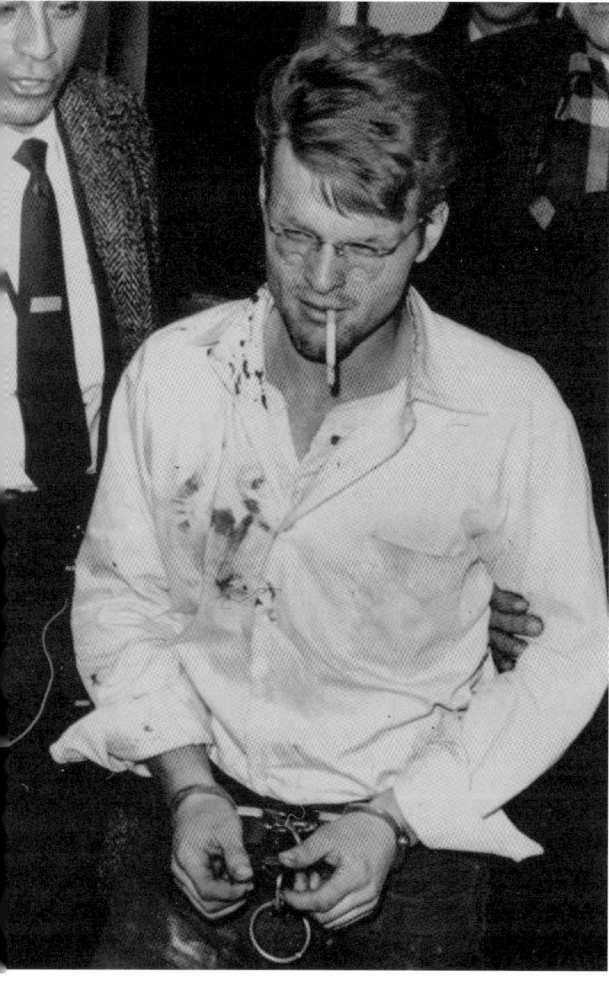

James Dean bis zum bitteren Ende – Starkweather gab nicht einmal in Haft seine Pose auf.

Hütte und machten sich mit seinen Gewehren davon. Die Teenager Robert Jensen und Carol King gaben ihnen eine Mitfahrgelegenheit. Jensen wurde mehrmals in den Kopf geschossen, King erstochen und vom Bauch abwärts nackt zurückgelassen.

GEISEL ODER KOMPLIZIN?

Als Nächstes hielten sie in einem wohlhabenden Stadtteil, wo Starkweather einst Müll eingesammelt hatte. Sie suchten Clara Ward und ihr Hausmädchen Lilian Fencl auf. Starkweather befahl Mrs. Ward, ihnen Frühstück zu machen, bevor er sie erstach. Als ihr Mann nach Hause kam, entbrannte ein Kampf und er wurde getötet. Das Hausmädchen wurde auf ein Bett gefesselt und erstochen. Dann fuhren sie mit dem schwarzen Packard der Wards davon. Nur als Draufgabe erschossen sie unterwegs noch den Geschäftsreisenden Merle Collison.

Nach einer Verfolgungsjagd verhaftete die Polizei das Paar schließlich in Wyoming. Um sich selbst zu schützten, sagte Fugate aus, Starkweather hätte sie als Geisel genommen. Starkweather wiederum behauptete, dass einige Morde auf ihr Konto gingen. Niemand glaubte ihnen; beide wurden wegen Mordes angeklagt und schuldig gesprochen.

Starkweather wurde zum Tode verurteilt, Fugate bekam wegen ihres Alters lebenslang. Ihre außergewöhnliche Geschichte, die nicht nur durch extreme Gewalt motiviert schien, sondern auch durch einen überaus kindlichen Mangel an Intelligenz, inspirierte einige erfolgreiche Hollywood-Filme.

die Leichen nach draußen, Velma zur Toilette, Marion in den Hühnerstall und das Baby auf den Müll. Als Caril von der Schule nach Hause kam, beseitigten sie das Blut. Sie blieben mehrere Tage im elterlichen Haus und machten, was sie wollten. Besucher wurden weggeschickt, da alle „die Grippe hatten". Als sich die Polizei einschaltete, war das Paar bereits auf der Flucht. Sein erstes gemeinsames Opfer war August Meyer, ein 72-jähriger Junggeselle und langjähriger Freund der Starkweathers. Sie erschossen ihn, versteckten seine Leiche in einer

FRED und ROSEMARY WEST

Als die Verbrechen von Fred und Rosemary West 1994 bekannt wurden, standen die Briten unter Schock. Nicht nur, weil unter ihrem Haus in Gloucester neun Leichen gefunden wurden. Nicht, weil eine der Leichen ihre eigene Tochter Heather war. Es lag nicht einmal daran, dass weitere Leichen gefunden wurden, von Fred Wests erster Frau und deren Kind. Was die Leute nur schwer akzeptieren konnten, war, dass dieses Massaker in einem scheinbar völlig normalen Familienheim stattgefunden hatte, einem Ort voller Kinder und Besucher, bewohnt von einem glücklichen Ehepaar.

NAHEZU ANALPHABET

Um die Verbrechen der Wests zu verstehen, muss man, wie so oft in solchen Fällen, in ihre frühe Kindheit zurückgehen. Fred West war eines von sechs Kindern von Walter und Daisy West und wurde 1941 in Much Marcle am Rand der Wälder von Dean geboren. Zu dieser Zeit war das Dorf ein armes, ländliches Kaff. Fred stand seiner Mutter sehr nahe. Er behauptete, dass sein Vater seine Schwestern sexuell missbrauchte. Doch es ist nicht bekannt, ob das tatsächlich der Fall war. Er war schlecht in der Schule und nahezu Analphabet, als er sie mit 15 Jahren verließ. Er arbeitete, wie sein Vater und Großvater vor ihm, als Landarbeiter. Mit 17 Jahren hatte er einen schweren Motorradunfall, bei dem er eine Kopfverletzung erlitt – was in der Geschichte vieler Serienmörder vorkommt. Zwei Jahre später wurde er wegen Sex mit einer 13-Jährigen verhaftet.

Er konnte die Gefängnisstrafe umgehen, nachdem sein Anwalt dem Richter erklärte, Fred würde an epileptischen Anfällen leiden, doch seine Eltern setzten ihn für einige Zeit vor die Tür.

EINE ANDERE GESCHICHTE?

1962 traf Fred Catherine „Rena" Costello, eine junge Kriminelle und Prostituierte. Sie verliebten sich ineinander, zogen in ihre schottische Heimat und heirateten, obwohl sie bereits von einem asiatischen Busfahrer schwanger war. Das Kind, Charmaine, wurde 1963 geboren. Im Jahr darauf bekamen sie ein gemeinsames Kind, Anna Marie. Sie zogen zurück nach Gloucester und trennten sich. Fred ließ sich mit Renas Freundin Anne McFall ein. 1967 war McFall von Fred schwanger und forderte ihn auf, sich von Rena scheiden zu lassen, um sie zu heiraten. Dies provozierte Fred zu seinem Mord: Er tötete McFall, zerstückelte ihre Leiche und die des ungeborenen Babys und vergrub sie bei der Wohnwagensiedlung, wo sie gewohnt hatten. Er schnitt McFalls Finger- und Zehenkuppen ab, bevor er sie vergrub. Dies sollte sein Markenzeichen werden.

Nach dem Mord an McFall zog Rena wieder bei Fred ein. Er wird verdächtigt, in dieser Zeit die 15-jährige Mary Bastholm ermordet zu haben, die er von einer Bushaltestelle in Gloucester entführte. Später trennte sich das Paar wieder – und dann traf Fred ein junges Mädchen, das sich als genauso bösartig und verdorben erwies wie er.

Rosemary Letts wurde im November 1953 in

Devon geboren. Ihre Mutter, Daisy Letts, litt an schweren Depressionen. Ihr Vater, Bill Letts, war schizophren und missbrauchte sie sexuell. Als Teenager wurde das hübsche, ein wenig zurückgeblieben wirkende Kind dick und sexuell frühreif. Als sie den zwölf Jahre älteren Fred West kennenlernte, schien er der Mann ihrer Träume zu sein. Kurz danach kam Fred jedoch wegen nicht bezahlter Strafen ins Gefängnis. Zu dieser Zeit war Rose, noch nicht einmal 16 Jahre alt, von ihm schwanger.

Als Fred aus dem Gefängnis kam, zog Rose zu ihm, Charmaine und Anna Marie und brachte 1970 Heather zur Welt. Als Fred im Jahr darauf erneut in

Haft war, wurde Charmaine vermisst. Rose erzählte den Leuten, dass Charmaines Mutter Rena gekommen war, um sie zurückzuholen. Tatsächlich hatte Rose selbst Charmaine ermordet, als sie einen der grausamen Wutanfälle hatte, die ihre anderen Kinder noch allzu gut kennenlernen sollten.

Als Fred aus der Haft entlassen wurde, vergrub er die Leiche des Kindes unter dem Haus. Kurz danach kam Rena tatsächlich, um nach Charmaine zu sehen. Fred tötete sie ebenfalls und vergrub sie auf dem Land.

1972 heirateten Fred und Rose und bekamen ein zweites Kind, Mae. Sie zogen in ein Haus in der

"Rose ermordete Charmaine, als sie einen ihrer grausamen Wutanfälle hatte."

Cromwell Street, Gloucester. Dort fröhnten sie abartigem Sex und verwendeten den Keller als perversen Sexspielplatz. Sie vergewaltigten sogar ihre 8-jährige Tochter Anna Marie. In diesem Jahr stellten sie die 17-jährige Caroline Owens als Kindermädchen an. Owens wies ihre sexuellen Annäherungen zurück – Rose hatte inzwischen mit Männern und Frauen Sex – und so vergewaltigten sie sie. Sie konnte fliehen und ging zur Polizei, doch als der Fall im Januar 1973 vor Gericht kam, glaubte der Richter beschämenderweise Fred mehr und ließ die Wests mit einer Geldstrafe davonkommen.

Wenigstens kam Owens mit dem Leben davon.

Ihr nächstes Kindermädchen, Lynda Gough, endete zerstückelt unter dem Keller. Im Jahr darauf, als Rose noch ein Kind, Stephen, zur Welt brachte, ermordete das Paar die 15-jährige Carol Ann Cooper. Ende Dezember entführten sie die Studentin Lucy Partington, folterten sie eine Woche lang und töteten, zerstückelten und vergruben sie danach.

Die Perversionen der Wests wurden immer extremer. In den folgenden 18 Monaten töteten sie drei weitere Frauen: Therese Siegenthaler, Shirley Hubbard und Juanita Mott. Hubbard und Mott wurden unvorstellbar grausam gequält: Ihre Leichen waren bei der Exhumierung in ausgeklügelte Bondage-Kostüme verpackt. Hubbards Kopf war vollständig mit Klebeband umwickelt. In ihre Nase war ein Plastikrohr eingeführt, durch das sie atmen konnte.

1977 arbeitete Rose bereits ebenfalls als Prostituierte und wurde von einem ihrer Kunden schwanger. Etwa zur gleichen Zeit wurde jedoch auch ihre jüngste Untermieterin, Shirley Robinson, eine 18-jährige Ex-Prostituierte, von Fred schwanger. Rose war darüber sehr erbost und beschloss, dass das Mädchen gehen musste. Im Dezember 1977 wurde sie ermordet und die Wests vergruben sie zusammen mit ihrem ungeborenen Baby im Hintergarten, da der Keller nun voll war.

Im Mai 1979 mordeten die Wests wieder. Diesmal war das Opfer die Jugendliche Alison Chambers – eine weitere Leiche für den Hintergarten. Soweit bekannt ist, hörten die Wests auf, aus Vergnügen zu töten. Vielleicht machten sie weiter und ihre Opfer wurden nie gefunden; vielleicht fanden sie andere Quellen sexueller Erregung. Was genau passierte, ist noch immer unbekannt.

In den 80er-Jahren bekam Rose drei weitere

Kinder, zwei von einem anderen Kunden und eines von Fred. Sie arbeitete weiterhin als Prostituierte und spezialisierte sich auf immer extremere Fesselungen. Fred fand Interesse daran, Rose beim Sex zu filmen. Er missbrauchte seine Töchter weiterhin, bis Heather einer Freundin von ihrem Familienleben erzählte. Deren Eltern berichteten den Wests von Heathers Behauptungen. Daraufhin wurde Heather von Fred ermordet, sein letztes bekanntes Opfer.

Erst 1992 ging ein Mädchen, das die Wests vergewaltigt hatten, zur Polizei. Am 6. August 1992

Die Cromwell Street zog bald die Öffentlichkeit an, die das Horrorhaus sehen wollte. Sogar das Straßen-schild wurde als Trophäe gestohlen.

durchsuchte die Polizei das Haus in der Cromwell Street nach Pornographie und Beweisen für Kindes-missbrauch: Sie fanden einiges und verhafteten Rose wegen Beihilfe zur Vergewaltigung einer Min-derjährigen und Fred wegen Vergewaltigung und Sex mit einer Minderjährigen. Anna Maries und Stephens Aussagen bestätigten die Vorwürfe, doch nach Drohungen der Wests zogen sie ihre Aus-sagen zurück und der Fall brach zusammen. Die jüngeren Kinder wurden in Pflege gegeben. Pflege-helfer hörten die Kinder über die unter der Terrasse

vergrabene Heather scherzen. Nach einem Tag gra-ben kamen menschliche Knochen zum Vorschein – nicht nur die von Heather. Insgesamt fand man neun Leichen im Garten. Anderswo vergrabene Lei-chen wurden später exhumiert.

Am 13. Dezember 1994 wurden Fred und Rose-mary West wegen Mordes angeklagt. Eine Woche später erhängte sich Fred im Gefängnis mit Streifen aus dem Leinentuch. Roses Verteidiger versuchte, die Schuld für die Morde Fred zuzuschieben, doch sie wurde zu lebenslanger Haft verurteilt.

GOLD-
GRÄBER

Serienkiller werden typischerweise von einem gewalttätigen Sexualtrieb gedrängt, der für die meisten Menschen unverständlich ist. Raub kann ein Teil der Angriffsmuster sein, ist aber selten die einzige Motivation; nur wenigen Serienmördern geht es nur ums Geld. Es scheint, als ob Habgier zu ein oder zwei Bluttaten führen kann, aber nicht als Antrieb für eine ganze Mordserie ausreicht. Von dieser Regel gibt es aber Ausnahmen. In manchen Fällen scheint es keinerlei sexuelle Motivation zu geben; er oder sie tötet, gefühllos und brutal, um die Opfer zu berauben. Das sind die Goldgräber, Verbrecher, die bereit sind, immer wieder zu morden – nur wegen Geld. Und nicht selten geht es um erstaunlich geringe Summen.

Man denke an Faye und Ray Copeland, ein älteres Paar aus Nebraska, das Gelegenheitsarbeiter auf ihrer Farm für ein paar erbärmliche Cent umbrachte. So hielten es auch Raymond Fernandez und Martha Beck: Auch sie töteten in Serie und erbeuteten damit nicht mehr als andere mit ein paar kleinen Betrügereien. Selbst Charles Sobhraj, der gerne als eine Art böses Genie unter den Serienmördern dargestellt wird, nahm meistens Rucksacktouristen für wenig mehr als einen Pass und eine Handvoll Reiseschecks das Leben.

Die vergleichsweise unbedeutende Beute dieser Serienkiller verweist auf die Tatsache, dass sie ganz allgemein zu den Psychopathen zu zählen sind: Kriminelle, für die das Leid anderer ohne Bedeutung ist. Das menschliche Leben halten sie für wertlos – so wertlos, dass sie immer und immer wieder gewissenlos töten.

RAY UND FAYE COPELAND

May und Faye Copeland waren das vielleicht unwahrscheinlichste Serienkiller-Gespann in der amerikanischen Geschichte. Das ältliche, altmodische Ehepaar führte ein einfaches Leben, das sich um die Bestellung ihres Bauernhofs in Nebraska drehte. Wie sich herausstellte, trog dieser simple Schein gewaltig; sie verpflichteten etliche junge Männer als Tagelöhner, um sie wegen ihres Geldes zu ermorden. Lange Zeit blieben sie unentdeckt – ihr Alter und ihre biedere Fassade bildeten die perfekte Tarnung. Schlussendlich erreichte sie aber doch der Arm des Gesetzes und enthüllte die grauenvolle Wahrheit über das Leben und Sterben auf dem Hof der Copelands.

WIRTSCHAFTSKRISE

Ray Copeland wurde 1914 in Oklahoma geboren. Seine Jugend verbrachte er bei den umherziehenden Eltern, die inmitten der Wirtschaftskrise ums Überleben kämpften. Als junger Mann wurde Ray zum Kleinkriminellen – er stahl Vieh und fälschte Schecks, bis er erwischt wurde und für ein Jahr im Gefängnis landete. Nach seiner Entlassung traf er seine Zukünftige, Faye; sie wurde zur loyalen Mordkomplizin während der langen Ehe des Paars.

Bald waren einige Kinder auf der Welt und das Geld wurde knapp. Ray stahl weiterhin Vieh und fälschte Schecks; sein immer schlechter werdender Ruf zwang die Familie zu immer häufigeren Ortswechseln. In dieser Zeit wurde Ray einige Male inhaftiert, bis er schließlich einen neuen Plan fasste. Er wollte es aber nicht mit ehrlicher Arbeit versuchen, sondern seine Geldbeschaffungsmethoden verbessern, sodass er nicht mehr geschnappt werden würde.

BETRÜGER

Da er weithin als Betrüger bekannt war, konnte Copeland nicht selbst in den Viehhandel einsteigen. Deshalb engagierte er Herumtreiber: Er ging mit ihnen zum Viehmarkt und ließ sie die Käufe tätigen – natürlich mit gefälschten Schecks. Danach verkaufte er das Vieh so rasch wie möglich; seine Helfer verschwanden spurlos. Der Betrug funktionierte eine ganze Weile, aber dann kam ihm die Polizei auf die Schlichte und Ray wanderte wieder ins Gefängnis.

Ein frühes Foto aus dem Familienalbum. Die Unschuld der Bilder ist eine Lüge: Zu sehen sind zwei Serienmörder.

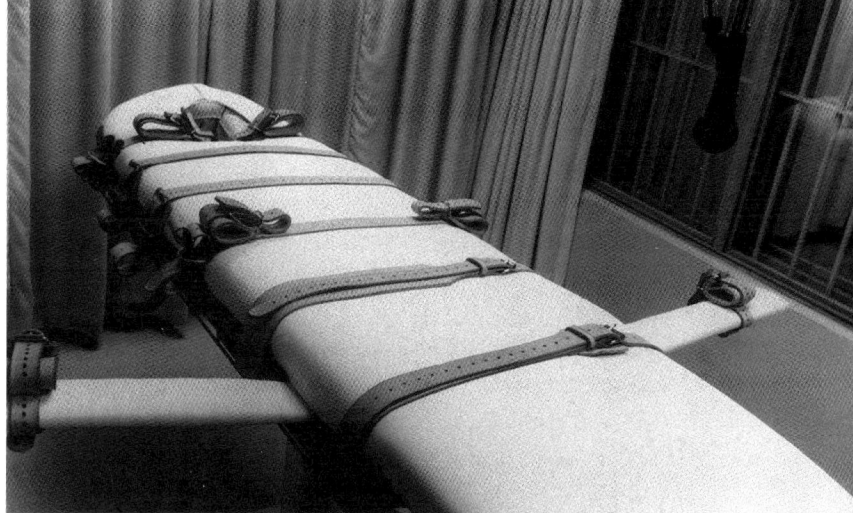

Ray und Faye entgingen dem giftigen Finale durch einen natürlichen Tod; ihren zahlreichen Opfern hatten sie ein solches Schicksal nicht vergönnt.

Nach der Entlassung nahm Ray seine kriminellen Aktivitäten wieder auf, stellte dieses Mal aber sicher, dass seine Tagelöhner unabhängiger von ihm arbeiteten. Das ging bis zum August 1989 gut; dann verständigte Jack McCormick die Polizei. Er war auf der Farm beschäftigt gewesen und behauptete, dort Menschenknochen gesehen zu haben. Außerdem habe Ray Copeland versucht, ihn zu ermorden.

Nach anfänglicher Skepsis sahen sich die Cops Copelands Vorstrafenregister an und beschlossen, der Sache auf den Grund zu gehen. Im Oktober 1989 statteten Dutzende Polizisten der Farm einen Besuch ab – inklusive Durchsuchungsbefehl und Bluthunden. Dennoch fand sich zunächst nichts Verdächtiges. Als die Suche bereits abgebrochen werden sollte, wurden jedoch in einer Scheune drei Leichen entdeckt, die einst drei junge Männer gewesen waren. Allen war von hinten in den Kopf geschossen worden. Die Suche wurde intensiviert und weitere Tote tauchten auf; alle waren mit demselben Gewehr ermordet worden, einem Marlin Kaliber 22, das später im Haus der Copelands sichergestellt werden konnte.

Damit war klar, dass Copeland ein kaltblütiger Killer war, der seine Knechte ihres Geldes wegen regelrecht hingerichtet hatte. Was aber war mit Faye? Bei den Ermittlungen trat ein Beweisstück zutage, das belastend und zutiefst unheimlich war: ein Quilt, den Faye aus der Kleidung der Opfer genäht hatte. Vor Gericht entwarf Fayes Verteidigung das Bild einer pflichtbewussten Ehefrau und Mutter, die Schläge und Misshandlungen ihres gewalttätigen Mannes erdulden musste. Der makabre Quilt sagte freilich etwas anderes: Wie auch immer Fayes Beteiligung ausgesehen haben mochte, sie musste sich darüber im Klaren gewesen sein, dass Ray ein Serienmörder war – und hatte rein gar nichts unternommen, um ihn aufzuhalten.

Faye Copeland wurde zum Tod durch die Giftspritze verurteilt. Ray, über den dasselbe Urteil gefällt worden war, nahm dies emotionslos zur Kenntnis. Die beiden, 69 und 76 Jahre alt, wurden zum ältesten je in den USA zum Tode verurteilten Paar. Die Exekutionen fanden aber nicht statt: Ray starb in der Todeszelle, Fayes Strafe wurde in eine lebenslange Haft abgewandelt. Sie starb mit 82 Jahren an Altersschwäche.

MARTHA BECK UND RAYMOND FERNANDEZ

Die Geschichte von Martha Beck und Raymond Fernandez, bekannt als die „Kontaktanzeigen-Killer", war eine der sensationellsten aller Zeiten; die schundige Geschichte von zwei Liebenden per Annonce, aus der eine Story um Raub und Serienmorde an leichtgläubigen einsamen Frauen wurde. Die Taten des Paars brandmarkten es als ungewöhnlich abartig und grausam, aber die Öffentlichkeit stürzte sich begierig auf einen weiteren Aspekt: besessene Liebe. Die einsame, übergewichtige Martha hatte ein recht normales Leben als Alleinerzieherin und Krankenschwester geführt, bis sie Fernandez begegnete. Bei dem Versuch, die Liebe dieses Mörders und Hochstaplers zu erringen, entledigte sie sich des letzten Restes menschlicher Würde. Zuerst verstieß sie ihre Kinder, dann half sie bei der Ermordung der unschuldigen Opfer ihres Geliebten; in einem Fall eines von zwei Kindern. Der plötzliche Wandel ihrer Persönlichkeit faszinierte die Presse und brachte ihr ein gewisses Maß an öffentlicher Sympathie ein – bis die ganze Abscheulichkeit ihrer Verbrechen offenbar wurde.

Wurde sie von Fernandez (Mitte) gezwungen oder war sie seine willige Komplizin? Martha Beck hatte es besonders auf Frauen abgesehen, die ihr selbst ähnelten.

MARTHA BECK AND RAYMOND FERNANDEZ

Neben der wahnsinnigen Leidenschaft schlugen noch andere Details der Geschichte die Öffentlichkeit in ihren Bann: Vor Gericht kamen bizarre sexuelle Praktiken des Paars (inklusive Voodoo-Riten) ans Licht und Becks Leibesfülle stand derartig im Zentrum der Berichterstattung, dass es manchmal den Anschein hatte, sie stünde wegen ihres Übergewichts vor Gericht und nicht wegen ihrer teuflischen Taten.

Hinrichtung

Die sensationslüsternen Details des Falles wurden während des flirrend heißen Sommers von 1949 bekannt. Schaulustige, vor allem Frauen, drängten sich im Gerichtssaal; die Polizei musste die Menge zurückhalten. Schließlich wurden beide wegen Mordes zum Tode verurteilt. Doch selbst danach setzte sich das Drama des Paares fort, Streit und Versöhnung wechselten sich ab und von allem berichtete die Presse. Am 8. März 1951 war es endlich vorbei: Nacheinander starben die beiden auf dem elektrischen Stuhl.

Raymond Fernandez, ein in Hawaii gebürtiger Spanier, war in Connecticut aufgewachsen und als junger Mann nach Spanien gezogen, um auf einem Gut zu arbeiten. Dort heiratete er die Einheimische Encarnacion Robles. Während des Zweiten Weltkrieges setzte ihn der britische Geheimdienst ein, danach kehrte er auf der Suche nach Arbeit in die USA zurück; Frau und Kind ließ er in Spanien. Auf der Überfahrt geschah ein Unfall: Fernandez erhielt einen Schlag auf den Kopf. Als er sich wieder erholt hatte war er völlig verändert: der freundliche, extrovertierte Mann war auf einmal aggressiv und in sich gekehrt.

Fernandez begann mit Diebstählen und Betrügereien. Er trat mehreren Singlebörsen bei und korrespondierte mit etlichen Frauen. War er erst einmal bei ihnen in der Wohnung, stahl er ihr Geld, ihre Schecks, ihre Juwelen und alle Wertsachen, deren er habhaft werden konnte. Aus Scham wegen ihrer Affäre mit einem Latino-Liebhaber verzichteten die meisten der Frauen auf eine Anzeige. Einmal ging Fernandez über Raub hinaus: Jane Thomas blieb nach einem heftigen Streit mit ihm tot in einem Hotelzimmer zurück. Danach ging er mit einem gefälschten Testament zu ihrem Apartment und eignete sich alles von Wert an – unter den Augen der ältlichen Mutter, die dort lebte.

Kontaktanzeige

Eine der vielen Briefbekanntschaften Fernandez' war Martha Beck. Ihre Kindheit war schwierig gewesen: Beck erzählte, dass ihr Bruder sie sexuell belästigt und ihre Mutter ihr dafür die Schuld gegeben habe. Schon als Jugendliche war sie dicker und wurde zur Zielscheibe des Spotts. Obwohl sie sich in der Schule für Krankenschwestern hervortat, wurde sie von Arbeitgebern wegen ihrer Masse abgelehnt; ihre erste Stelle fand sie in einem Leichenschauhaus. Dann schwängerte sie ein Soldat; er weigerte sich sie zu heiraten und versuchte

Serienmörder, die ihre volle Strafe erhielten: Beck und Fernandez starben auf dem elektrischen Stuhl.

> **„Beck war von Fernandez von Anfang an auf krankhafte Weise besessen."**

sogar, sich das Leben zu nehmen, um der Ehe zu entgehen – naturgemäß äußerst deprimierend für Beck. Dennoch fand sie schließlich einen Gatten und wurde erneut schwanger, das Paar wurde jedoch bald geschieden. Beck blieb mit zwei Kindern zurück; sie arbeitete und hatte endlich auch als Pflegerin Erfolg – doch dann trat Fernandez in ihr Leben.

Martha Beck war von diesem Mann vom ersten Augenblick an auf krankhafte Weise besessen. Sie zog samt ihren Kindern zu ihm nach New York, doch als er sich über die Kleinen beschwerte, lieferte sie sie kurzerhand bei der Heilsarmee ab. Dann erzählte ihr Fernandez, wie er einsame Frauen ausraube, um zu Geld zu kommen, und Beck beschloss ihm zu helfen. Sie begleitete ihn zu Treffen und gab sich als Schwester oder Schwägerin aus, damit die Opfer schneller Vertrauen fassten.

Anfangs betrogen und beraubten die beiden die Frauen nur; dann begannen sie zu morden. Ihre Opfer waren stets alleinstehende Frauen, die für einen Partner annonciert hatten und unglücklich genug waren, auf Fernandez und seine „Schwester" zu treffen. Sie starben schreckliche Tode: Myrtle Young erhielt von Fernandez eine Überdosis; Janet Fay wurde von Beck zu Tode geprügelt; und Delphie Downing erhielt von Fernandez einen Kopfschuss; ihre zweijährige Tochter Rainelle musste es mitansehen. Als das kleine Mädchen nicht aufhörte, um seine Mutter zu weinen, ertränkte Beck es im Abwaschwasser.

Die US-Öffentlichkeit packte mit dem Bekanntwerden dieser Details zunehmend das Grauen vor der so friedvoll wirkenden Beck. Nach dem Prozess sympathisierten sehr wenige mit der fettleibigen Alleinerzieherin, die behauptete, sie habe „im Namen der Liebe" gemordet.

CHARLES SOBHRAJ

G eld ist die Motivation der meisten Verbrechen. Serienkillern geht es selten in erster Linie um Profit. Wenn sie, was häufig der Fall ist, ihre Opfer ausrauben, dann gewöhnlich als Zusatz; zuallererst treibt sie der sexuelle Gewinn. Charles Sobhraj, genannt „die Schlange", bildet diesbezüglich definitiv eine Ausnahme von der Regel. Etwa 20 Morde werden ihm zur Last gelegt; alle Fälle betrafen Rucksacktouristen in Südostasien.

Alle Opfer mussten wegen ihres Geldes sterben. Er selbst sagte es während seines Prozesses 1979 einem Journalisten so: „Falls ich jemals getötet habe oder den Auftrag dazu erteilte, dann nur aus Geschäftsgründen; einfach ein Job, wie ein General in der Armee."

Charles Sobhraj kam 1944 als Sohn eines indischen Schneiders und dessen vietnamesischer Freundin Song zu Welt. Sein Vater wollte die Mutter

Während seines Prozesses achtete Sobhraj darauf, stets sein Gesicht zu bedecken – für den unwahrscheinlichen Fall, dass er eines Tages freigelassen werden könnte.

weder heiraten noch Verantwortung für das Kind übernehmen. Song ehelichte später einen französischen Soldaten, Lt Alphonse Darreau, und die ganze Familie zog nach Marseilles. Charles war ein aufsässiges Kind, das sich nicht als Teil des neuen Lebens der Mutter empfand. Wiederholt stahl er sich auf Schiffe, um zu seinem leiblichen Vater zu gelangen, wurde aber jedes Mal entdeckt. Mit den Jahren erwarb er sich den Ruf eines Lügners. Der dünne, kleine Junge wurde ein fähiger Manipulator. Speziell seinen Halbbruder Andre brachte er dazu, seine Pläne für ihn auszuführen.

GEFÄNGNIS

Als Noch-Teenager verließ Sobhraj sein Zuhause und ging nach Paris, wo er 1963 wegen Einbruchs zu drei Jahren Haft verurteilt wurde. Das hätte eine traumatische Erfahrung werden können, aber Sobhrajs Manipulationstalent und seine Kampfkünste kamen im Knast voll zur Geltung. Besonders ein reicher Gefängnisbesucher verfiel seinem Charme: Felix d'Escogne.

Nach seiner Entlassung lebte Charles bei ihm und lernte die Welt von Glanz und Geld kennen. Sobhraj war in seinem Element; bald heiratete er

eine elegante junge Frau namens Chantal. Um sich den Luxus leisten zu können, brauchte er aber Geld, und außer es zu stehlen fiel ihm nichts ein. Er brach also in die Häuser seiner reichen Freunde ein und stellte ungedeckte Schecks aus. Zuletzt floh er mit seiner Frau aus Frankreich. Den Rest der 1960er betrog sich das Paar durch Osteuropa und den Nahen Osten bis nach Mumbai in Indien. Während dieser Zeit gebar Chantal ihren Sohn.

MORD

1971 war die Familie nach einem verpfuschten Juwelenraub zur Flucht aus Indien gezwungen. Eine Zeit lang hielten sie sich in Kabul (Afghanistan) auf. Hier spezialisierte sich Charles auf das Ausrauben von durchreisenden Hippies. Seiner Frau reichte es: Sie kehrte mit dem Sohn nach Paris zurück. In zeitweiliger Begleitung seines Bruders Andre nahm Charles wieder seine Wanderschaft auf. Die Partnerschaft endete in einem griechischen Gefängnis: Charles brach aus und ließ Andre zurück.

Wenig später verliebte sich Marie Leclerc Hals über Kopf in ihn. Sie zogen nach Thailand und schlugen im Badeort Pattaya ihre Zelte auf. Schritt für Schritt scharte Sobhraj eine Anhängerschaft um

"Sobhrajs Talent, andere zu manipulieren, kam im Knast voll zur Geltung."

sich, vergleichbar mit der „Familie" des Charles Manson.

Zu dieser Zeit begann er zu morden. Sein erstes Opfer war die Amerikanerin Jennie Bollivar. Ihre Leiche trieb in einem Gezeitentümpel des Golfs von Thailand. Zuerst sah es nach einem Unfall aus, die Autopsie ergab aber, dass jemand das Bikinimädchen unter das warme Wasser gedrückt haben musste. Als Nächstes war der junge Sepharde Vitali Hakim an der Reihe: Er wurde beraubt, geschlagen und in Flammen gesetzt.

Ein holländisches Pärchen, Henk Bintanja und seine Verlobte Cornelia ‚Cocky' Hemker, wurde erwürgt und verbrannt. Kurz danach erkundigte sich Charmaine Carrou nach ihrem verschwundenen Freund Hakim. Sie wurde, wie Bollivar, in Badesachen ertränkt und der unbekannte Mörder hatte seinen Markennamen weg: der „Bikini-Killer".

ENTDECKUNG

Nach dem Aufruhr in der thailändischen Presse beschloss Sobhraj, fürs Erste den Kopf unten zu halten. Er floh nach Nepal, wo er ein weiteres Paar tötete: Laddie Duparr und Annabella Tremont. Mit dem Pass des Toten verließ er das Land.

Seine Anhänger hatten mittlerweile einen Stapel Pässe in seinem Büro in Bangkok entdeckt und verdächtigten ihn des Mordes. Sobhraj machte kehrt und flüchtete mit Henk Bintanjas Pass zurück nach Nepal und weiter nach Kolkata in Indien. Dort brachte er den Israeli Avoni Jacob um. Danach irrte er umher, bis er schließlich wieder in Thailand landete. Die größte Aufregung hatte sich gelegt und es gelang Sobhraj, sich durch Bestechungen aus seinen Schwierigkeiten herauszuwinden. Kurz danach begann er wieder mit dem Ausrauben und Ermorden von Touristen, bis es ihm erneut zu heiß wurde. Er fuhr nach Indien, wo er wegen des Mordes an einem Franzosen verhaftet wurde.

Zwei Personen aus seinem Gefolge sagten vor Gericht gegen ihn aus. Dennoch kam er mit 12 Jahren Haft davon. Im Gefängnis schwelgte er im Luxus: spezielles Essen, Drogen, Bücher und nahezu völlig freie Zeiteinteilung. Dennoch brach er 1986 auf raffinierte und wagemutige Weise aus – und stellte sich kurz darauf in Goa der Polizei. Nur im Gefängnis war er vor einer Auslieferung nach Thailand sicher, wo ihn die Todesstrafe erwartete.

Nach 21 Jahren in Haft (nach dieser Zeit waren nach thailändischen Gesetzen seine dortigen Verbrechen verjährt) wurde er entlassen und nach Frankreich gebracht. Dort lebte er fürstlich von seinem schlechten Ruf: Er verkaufte die Rechte an seiner Geschichte. Es sah wirklich so aus, als könne er davonkommen.

Aus unerklärlichen Gründen reiste Sobhraj 2003 aber nach Nepal, wo er verhaftet und wegen des Mordes an Duparr und Tremont zu lebenslänglich verurteilt wurde. Derzeit läuft Sobhrajs Berufungsverfahren gegen das Urteil.

STRASSEN-
JÄGER

Serienkiller sind ein Phänomen der modernen Welt. Die Anonymität der Großstädte lässt sie auf eine Weise gedeihen, wie sie in kleinen, stabilen Gemeinden nie möglich gewesen wäre. Und von Jack the Ripper im viktorianischen London über Fritz Haarmann im Düsseldorf der Zwischenkriegszeit bis zu Jeffrey Dahmer im Milwaukee der Gegenwart waren stets die anonymen Straßen der Städte ihr Habitat gewesen. Mit dem Aufkommen des Automobils nach dem Krieg entstand ein neues Jagdgebiet: die Autobahn.

Die Anonymität der Autobahnen ermöglichte Mördern wie Henry Lee Lucas und G. J. Schaefer, ihr menschliches Wild über Jahre zu hetzen, ohne je erwischt zu werden. Sie hielten nach Autostoppern und Prostituierten vom Straßenstrich Ausschau, nach dem Strandgut des Lebens, weil deren Schicksal keinen Menschen interessierte. Ironischerweise wurde aus genau so einer verlorenen Seele, Aileen Wuornos, – genau der Typ Fernfahrerhure, der so leicht selbst zum Opfer hätte werden können – eine der wenigen Serienmörderinnen der Neuzeit. Sie drehte den Spieß um und ermordete die Menschen, die sie auflasen, anstatt selbst dran glauben zu müssen.

Die Straßenjäger verstören uns so sehr, weil sie uns an eine Wahrheit erinnern, der wir uns nicht stellen wollen: Dass es auf jeder Landstraße der Welt zu jeder Zeit Tausende von Unbekannten gibt, unterwegs zu einem unbekannten Ziel. Menschen, auf die häufig niemand wartet, von denen meistens niemand weiß, wo sie sind, und deren Verschwinden niemand sofort bemerkt.

HENRY LEE LUCAS

er Fall Henry Lee Lucas ist ausgesprochen eigenartig. Er war entweder einer der fleißigsten Killer aller Zeiten oder für nicht mehr als drei Morde verantwortlich. Nach dem, was er der Polizei in der Mitte der 8oer-Jahre auftischte, beging er 600–700 Tötungsdelikte in den gesamten USA. Die einzigen Morde aber, die schlüssig mit ihm in Verbindung gebracht werden können, sind die an seiner Mutter (wofür er seine Zeit in den 6oern absaß), an seiner 15-jährigen Freundin und an einer 82-jährigen Frau, die dem Mädchen zu Hilfe kam. Für diese Verbrechen wurde er zuletzt verhaftet.

Verzweifelt arm

Henry Lee Lucas' Herkunft könnte dem Lehrbuch für Serienmörder entstammen. Er wurde 1936 als jüngstes der neun Kinder von Viola und Anderson Lucas in der Ortschaft Blacksburg in Virginia geboren, inmitten des verzweifelt armen Appalachen-Gebiets. Beide Eltern waren Alkoholiker. Viola hatte zu Hause das Sagen und sorgte als Prostituierte für den Großteil des Familieneinkommens. Anderson war als „Keinbein" bekannt, da er seine unteren Extremitäten bei einem Unfall im Vollrausch verloren hatte.

Viola Lucas scheint ihren Jüngsten verabscheut zu haben. Sie schickte ihn barfuß und, anfangs, im Kleid in die Schule. Als man ihm dort Schuhe gab, prügelte sie ihn, weil er sie angenommen hatte. Später verletzte er sich mit einem Messer im Auge; die Mutter ließ die Wunde schwären, bis das Sehorgan durch ein Glasauge ersetzt werden musste. Sie zwang ihre Kinder, ihr beim Sex mit Kunden und ihrem Geliebten „Onkel Bernie" zuzusehen. Der Vater starb nach einer Nacht im Schnee vor dem Haus an Lungenentzündung. Sein wesentlichster Erziehungsbeitrag bestand darin, den Sohn an schwarz gebrannten Whiskey zu gewöhnen. Im Alter von zehn Jahren war Henry faktisch Alkoholiker.

Nicht lange danach führten ihn „Onkel Bernie" und Henrys älterer Halbbruder in die Bestialität ein. Dazu gehörte es, Tiere sexuell zu missbrauchen und anschließend zu töten; eine Aktivität ganz nach Henrys Geschmack, wie er später meinte. Seiner unverlässlichen Aussage zufolge resultierte seine erste Erfahrung mit einer Frau auch gleich in seinem ersten Mord: Er habe im Alter von 14 ein unbekanntes Mädchen vergewaltigt und erwürgt.

Fast zwangsläufig wurde aus Lucas ein Verbrecher; 1954 wurde er wegen Einbruchs zu 6 Jahren verurteilt. Er konnte zweimal flüchten, wurde jedoch immer wieder eingefangen; am 2. 9. 1959 war seine Strafzeit zu Ende. Nach der Entlassung lebte er bei seiner Schwester in Tecumseh in Michigan. Seine Mutter tauchte auf und versuchte, Henry zur Rückkehr nach Blacksburg zu überreden. Im Suff eskalierte der Streit und Henry stach auf Viola Lucas ein; zwei Tage später erlag sie ihren Verletzungen. Wegen Mordes mit bedingtem Vorsatz verbrachte Henry die nächsten zehn Jahre im Gefängnis.

Versuchte Entführung

Im Juni 1970 kam er frei, wurde jedoch nach der versuchten Entführung zweier Teenager prompt wieder eingesperrt – bis 1975. Danach war er kurz mit Betty Crawford verheiratet, die sich scheiden ließ, weil er ihre Töchter belästigt habe. Zu dieser Zeit begann seine angebliche Orgie der Gewalt: Auf den Straßen der USA habe er Frauen nachgestellt und diese vergewaltigt und getötet.

1976 traf er in Florida auf Ottis Toole, wie Lucas ein Mörder und Vergewaltiger mit einem Hang zur Übertreibung. Die beiden schlossen Freundschaft; 1978 lebte Lucas in Tooles Haus in Jacksonville, gemeinsam mit Tooles Nichte und Neffen. Lucas verliebte sich in die Nichte, ein leicht zurückgebliebenes Mädchen namens Becky Powell, obwohl sie zu diesem Zeitpunkt gerade mal zehn Jahre alt war.

Von 1979 bis 1981 arbeiteten Lucas und Toole gemeinsam für einen Dachdecker. Wenn man ihren Worten glauben will, nahmen sie sich wiederholt frei, um Frauen zu vergewaltigen und zu töten.

"Im Alter von zehn Jahren war Henry faktisch Alkoholiker."

Kriminalbeamte aus dem ganzen Land standen Schlange, um ihre ungelösten Mordfälle mit Lucas' Aussagen abzugleichen.

1981 kamen Becky und ihr Bruder in ein Heim. Lucas und Toole befreiten sie und lebten fortan auf der Straße. Im Mai 1982 gingen Lucas und die 15-jährige und angeblich mit Lucas verheiratete Becky nach Texas, um für eine alte Dame namens Kate Rich zu arbeiten. Deren Nachbarn schmissen das Paar hinaus, als sie bemerkten, dass die beiden im Namen der alten Frau Schecks einlösten.

Danach verbrachte das Paar einige Zeit in einer religiösen Kommune, bis Becky wieder nach Hause wollte. Lucas schien einverstanden zu sein und die beiden verließen die Gemeinschaft. Am nächsten Tag kehrte er alleine zurück. Drei Wochen später verschwand Kate Rich; am Tag darauf verließ Lucas die Stadt. Am 11. Juni wurde er schließlich verhaftet: Er war zur Kommune zurückgekehrt und des illegalen Waffenbesitzes überführt worden.

Geständnis

Nach vier Tagen im Gefängnis begann Lucas zu gestehen: zunächst die Morde an Becky Powell und Kate Rich und dann eine Reihe weiterer. Er wurde der Morde an Powell und Rich überführt und zu 57 Jahren Haft verurteilt. Das dämmte die Flut seiner Geständnisse aber nicht im mindesten ein. 18 Monate lang bekannte er sich schuldig, die Zahl seiner Opfer stieg in die Hunderte. Bei vielen dieser Morde belastete er Toole als Mittäter.

Zu dieser Zeit standen die Kriminalbeamten aus dem ganzen Land Schlange, um ihre ungelösten Mordfälle mit Lucas Aussagen abzugleichen. Lucas war meist nur zu gerne bereit zu helfen – speziell wenn sie ihn aus dem Knast holten und an Tatorte brachten, was ihm Hotelaufenthalte, Steaks und Milchshakes eintrug. Bis März 1985 wurden 198 Morde entweder Lucas alleine oder ihm und Toole zugeschrieben. Dann begannen jedoch in den Köpfen einiger Ermittler die Alarmglocken zu läuten: Lucas, der das Land nie verlassen hatte, gestand Morde in Spanien und Japan; und, nicht zu vergessen, er habe auch das Gift für das Massaker von Jonestown bereitgestellt.

Ein Betrug?

Etliche Artikel erschienen, die Lucas als Betrüger bezeichneten, der Polizisten benutzte bzw. sich von skrupellosen Beamten benutzen ließ, die so ihre Rückstände in Mordfällen abzubauen gedachten. An diesem Punkt begann Lucas selbst, seine Geständnisse zu widerrufen; er behauptete jetzt, außer seiner Mutter nur Powell und Rich getötet zu haben.

Dennoch: Während über 600 Opfer offensichtlich übertrieben sind, hielten viele Lucas und Toole immer noch für bis zu 100 Morde verantwortlich. Lucas wurde für nur einen weiteren Mord belangt, an einer unbekannten Frau mit dem Namensetikett „Orange Socken". Er wurde schuldig gesprochen und zum Tode verurteilt. Weitere Ermittlungen ergaben jedoch, dass er dieses Verbrechen gar nicht begangen haben konnte. Lucas starb am 13. März 2001 an Herzversagen.

GERARD JOHN SCHAEFER

erard John Schaefer war ein eiskalter Serienkiller, der für die Ermordung von zwei weiblichen Teenagern verurteilt wurde, aber vermutlich wesentlich mehr getötet hat. Im Gefängnis verfasste er kranke Prosa über Mord, Vergewaltigung und seine Erfahrung im Todestrakt. Ob diese Texte autobiografisch oder bloße Ausgeburt einer völlig abartigen, psychopathischen Fantasie waren, ist bis heute nicht bekannt. Schaefer selbst schwankte zwischen prahlerisch übertriebenen Opferzahlen und der Leugnung, überhaupt ein Serienmörder zu sein. Wie viele Leben junger Frauen er wirklich zerstörte, werden wir nie genau wissen: 1995 wurde er von einem Mitgefangenen in seiner Zelle erstochen. Die Mutter eines seiner Opfer kommentierte: „Ich würde dem Typen, der ihn umgebracht hat, gerne ein Geschenk schicken ... ich wünschte nur, es wäre schon früher passiert."

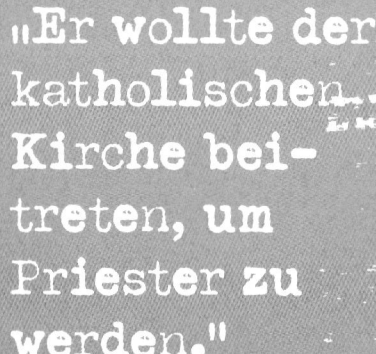

> **„Er wollte der katholischen Kirche beitreten, um Priester zu werden."**

G. J. Schaefer, wie er genannt wurde, wurde 1946 in Wisconsin als erstes von drei Kindern geboren. Das Familienleben der Schaefer-Kinder war in jeder Hinsicht ein Elend. Sein Vater war ein Alkoholiker und Frauenheld; seine Eltern ließen sich später scheiden. Der Junge fühlte, dass seine Eltern, besonders sein Vater, seine Schwester ihm vorzogen, und zeigte früh Anzeichen einer geistigen Störung. Er band sich selbst an Bäume, um sich aufzugeilen, trug Frauenunterwäsche und fantasierte über das Sterben.

Als junger Mann versuchte es Schaefer in diversen Branchen, fand aber nirgends Arbeit. Er wollte der katholischen Kirche beitreten, um Priester zu werden, und versuchte dann eine Lehrerlaufbahn

einzuschlagen. In beiden Fällen blieb ihm wegen seiner Unausgeglichenheit der Erfolg versagt.

Scheidung wegen Grausamkeit

Schaefer heiratete 1968, aber bereits zwei Jahre später reichte seine Frau die Scheidung ein: ihr Mann sei grausam. Er beschloss, Polizist zu werden, und erhielt tatsächlich einen Job, obwohl er beim psychologischen Eignungstest versagt hatte. Anfangs schlug er sich gut, wurde dann aber gefeuert, weil er persönliche Daten von Verkehrssünderinnen benutzte, um die Frauen privat zu treffen. Er zog um und fand Arbeit bei der Polizei von Martin County in Florida, wo er aber bald in weit ernsteren Schwierigkeiten steckte.

Schaefer hielt zwei autostoppende Teenager an, Pamela Wells und Nancy Trotter, und erklärte ihnen, was sie täten sei in seinem Bezirk illegal – was nicht stimmte. Dann fuhr er sie nach Hause und sagte, er würde sie am nächsten Tag zum Strand bringen. In Wahrheit führte er sie in einen Sumpf, richtete seine Pistole auf sie, band sie an Wurzeln fest und legte ihnen Schlingen um den Hals. Sie konnten dennoch fliehen und zeigten Schaefer an, der dafür ein Jahr einsaß.

Noch vor dem Prozess las er aber die Teenies Georgia Jessup und Susan Place auf, brachte sie in den Sumpf, band sie an Bäume und verging sich gewalttätig an ihnen. Als man ihre verstümmelten Körper fand, saß Schaefer bereits im Knast. Die

Trotz der strengen Sicherheitsmaßnahmen im Gefängnis wurde Schaefer von Vincent Rivera, einem Mithäftling, ermordet.

Polizei durchsuchte das Haus seiner Mutter und fand Dinge, die etlichen weiteren kürzlich verschwundenen jungen Frauen und Mädchen gehört hatten: den Autostopperinnen Barbara Wilcox und Collette Goodenough; der Kellnerin Carmen Hallock; der Nachbarin Leigh Bonadies; und den Schulmädchen Elsie Farmer und Mary Briscolina.

Trotz der erdrückenden Beweise, die für Schaefer als wahnsinnigem Serienmörder sprachen, wurde er nur wegen der zwei Morde an Georgia Jessup und Susan Place belangt. 1973 wurde das Urteil verkündet: zweimal lebenslänglich. Das war mehr als genug, um sicherzustellen, dass diese Gefahr für die Öffentlichkeit gebannt war; weitere Anklagen erübrigten sich deshalb.

Kultstories

Fast zwei Jahrzehnte lang vegetierte Schaefer im Gefängnis dahin, so gut wie vergessen von der Welt. Erst als eine Sammlung seiner Geschichten unter dem Titel „Killer Fiction" veröffentlicht wurde, erinnerte man sich wieder an ihn. Schaefer bezeichnete seine Stories als „Kunst", von vielen wurden sie aber als Schilderungen echter Vergewaltigungen und Morde verstanden. Hinzu kamen offensichtliche Horrorwahnvorstellungen; an einer Stelle ging es um das Kopulieren mit Leichen frisch vom elektrischen Stuhl.

G. J. Schaefer war, wenig überraschend, im Knast sehr unbeliebt. 1995 stürzte Vincent Rivera, ein zu lebenslänglich verurteilter Mörder, in seine Zelle, stach Schaefer in Kehle und Augen und verwundete ihn tödlich. Die „Killer Fiction" genießt jedoch bis heute Kultstatus.

AILEEN WUORNOS

aileen Wuornos wurde zu einer Berühmtheit unter den Serienkillern; nicht weil sie so viele Menschen getötet hat und auch nicht weil sie dies auf exzeptionell brutale Weise tat, sondern aufgrund der simplen Tatsache, dass sie eine Frau war. Vor ihrer Verhaftung war man überzeugt gewesen, dass weibliche Serienmörder nicht existierten.

Ein Irrglaube. Es hat vor Wuornos bereits etliche Serienkillerinnen gegeben; die hatten aber vorzugsweise zu Hause gemordet, ihre Gatten vergiftet oder ältere Pflegefälle aus dem Weg geschafft. Zudem waren noch ein paar Fälle von Serienmörder-Komplizinnen bekannt. Wuornos passte in keines dieser Muster. Sie verhielt sich wie der klassische männliche Revolverheld, der gnadenlos raubt und eiskalt tötet. Kein Wunder, dass sie die Filmrechte an ihrer Story zwei Tage nach ihrer Inhaftierung veräußerte.

SCHWERE VERBRENNUNGEN

Hollywood wäre natürlich nicht herbeigeeilt, wenn Wuornos eine einfache Diebin geblieben wäre. Ihr Leben war von der Art, die vom Kino ignoriert wird. Es begann am 29. Februar 1956 als Aileen Pittman in Rochester in Michigan. Ihre Teenager-Eltern waren schon vor ihrer Geburt auseinandergegangen. Leo, ihr Vater, wurde später als Kinderschänder verurteilt. Diane, die Mutter, schaffte es alleine nicht; 1960 wurden Aileen und ihr Bruder Keith von Dianes Eltern adoptiert. Doch Lauri und Britta

Wuornos konnten nichts zum Besseren wenden. Mit sechs erlitt sie schwere Gesichtsverbrennungen, nachdem sie und ihr Bruder ein Feuer entzündet hatten. Mit 15 Jahren gebar sie ein Kind, das sie zur Adoption freigab. Im selben Jahr starb ihre Großmutter, offenbar an Leberversagen; Diane verdächtigte aber ihren Vater Lauri des Mordes.

SCHULABBRUCH

Aileen brach früh die Schule ab, zog von zu Hause weg und landete auf der Straße. Bald darauf begann ihre Karriere als Hure. Immer wieder geriet sie mit dem Gesetz in Konflikt; meistens war Alkohol im Spiel. Eine kurze Ehe wurde per richterlicher Verfügung annulliert. Nach dem absurden Versuch, im Bikini einen bewaffneten Raubüberfall durchzuführen, kam sie für ein Jahr ins Gefängnis. 1986 traf sie die Lesbe Tyria Moore, die zur Liebe ihres Lebens wurde. Sie zogen zusammen und lebten von Aileens Einkünften als Prostituierte. Aileen wurde notorisch streitsüchtig, trug immer eine Waffe bei sich und war häufig in Kämpfe verwickelt. Um Tyria bei Laune zu halten, besserte sie ihr Einkommen mit Geld auf, das sie ihren Kunden stahl. Im November 1989 ging Aileen Wuornos einen gewaltigen Schritt weiter: Sie wurde zur Mörderin.

Ihr erstes Opfer war Richard Mallory, ein 51 Jahre alter Elektriker, der sich hauptsächlich für Schnaps und käuflichen Sex interessierte. Später sollte Wuornos behaupten, sie habe in Notwehr getötet,

Sie verkaufte die Filmrechte an ihrer Story nach 2 Tagen im Knast.

um nicht missbraucht zu werden – wie bei allen ihren Morden. In diesem Fall könnte jedoch etwas Wahres dran gewesen sein, denn Mallory war bereits wegen Vergewaltigung verurteilt worden.

Mallorys Leiche wurde am 13. Dezember in den Wäldern bei Daytona Beach gefunden; erschossen mit einer 22er. Im Juni 1990 tauchte der nächste Tote auf, wieder mit einer 22er erledigt und dieses Mal nackt. Er konnte eine Woche später als David Spears

identifiziert werden. Da war bereits das nächste Opfer aufgetaucht, Charles Carskaddon. Auch er war an einer 22er gestorben und wie Spears zuletzt auf der Interstate 75 gesehen worden.

Peter Siems war am 7. Juni zu Verwandten aufgebrochen. Nach einem Monat fand man seinen Wagen; er war von zwei Frauen versteckt worden, deren Beschreibungen auf Wuornos und Moore passten.

Die Hollywood-Version von Wuornos Ge-schichte, Monster, *brachte Charlize Theron den Oscar für das Portrait einer Serienmörderin ein.*

Die Opfer fünf, sechs und sieben folgten im August, September und November 1990. Alle waren durch eine 22er gestorben. Widerwillig gestand die Polizei ein, dass ein Serienkiller am Werk war; schließlich veröffentlichte man aber doch die Phantombilder der Frauen, die beim Verstecken von Siems Auto beobachtet worden waren.

Rasch erfolgten Sichtungen: Es könne sich um Aileen Wuornos und Tyria Moore handeln. Wuornos wurde am 9. Januar 1991 in einer Biker-Bar in Florida verhaftet; Moore wurde bei ihrer Schwester in Philadelphia gefunden. Um ihre Haut zu retten, half Moore der Polizei, Wuornos ein Geständnis zu entlocken. Der Trick funktionierte: Um Moore vor einer Anklage zu bewahren, bekannte sich Wuornos zu allen Morden außer dem an Peter Siems; dessen Leiche wurde bis heute nicht gefunden.

MEDIENZIRKUS

Schlagartig setzte der Medienrummel ein. Filmemacher und Journalisten wetteiferten um die Storyrechte. Manche stellten sie als Monster, andere als Opfer dar. Wie es schien, war sie eine von ihrem elenden Leben brutalisierte Frau; ihre Morde waren aber überwiegend in Raserei verübt worden und weniger, um sich selbst zu verteidigen, wie sie behauptete.

So sahen es jedenfalls die Geschworenen, die sie am 27. Januar 1992 zum Tode verurteilten. Wuornos verbrachte die nächsten zehn Jahre im Todestrakt, während Aktivisten sich um die Aufhebung der Todesstrafe bemühten. Am Ende war es Wuornos selbst, die die Vollstreckung des Urteils verlangte. Am 9. Oktober 2002 wurde ihr die tödliche Giftspritze verabreicht.

IRRE
MÖRDER

Serienkiller werden oft auf eine Weise zu ihren Verbrechen gedrängt, die sie selbst weder verstehen noch kontrollieren können. Ihre Methodik variiert aber sehr. Manche Serienmörder verbeißen sich fanatisch in Details und sind akribisch darauf bedacht, unentdeckt zu bleiben. Dieser planvolle Typ ist besonders erschreckend, weil es ihm meist über Jahre gelingt, seine buchstäblich mörderischen Triebe auszuleben. Genau gegensätzlich orientiert ist der planlose Typ: Dessen Drang zu töten ist so überwältigend, dass er dafür bereit ist, enorme Risiken einzugehen. Ob er bei seinen mörderischen Attacken Spuren und Beweise hinterlässt oder nicht, ist ihm vollkommen egal. Das sind die irren Mörder, Berserker im Blutrausch, und was uns sie fürchten lässt, ist die absolute Zügellosigkeit ihres animalischen Handelns, das Gefühl, hier einem Wesen gegenüberzustehen, dessen Menschlichkeit auf die niederen Instinkte einer reißenden Bestie reduziert wurde.

Das Verhalten der planlosen Killer, das fast immer Spuren hinterlässt, führt dazu, dass sie meist ziemlich rasch erwischt werden. Die schlimmsten Vertreter dieses Typs stammen häufig aus sehr armen Ländern, in denen es an Mitteln zur Verbrechensbekämpfung mangelt – insbesondere wenn die Täter, wie der Südamerikaner Pedro Lopez, sich ihre Opfer aus den benachteiligsten Schichten der Bevölkerung wählen.

Das bedeutet aber keine Entwarnung für die reichen Nationen. Richard Ramirez gelang es, in Los Angeles und San Francisco Dutzende Menschen zu ermorden, obwohl er völlig chaotisch vorging. Die ernüchternde Wahrheit ist, dass der planlose Wahnsinn völlig unvorhersehbar ist und die Killer gerade deshalb so schwer zu erwischen sind.

ADOLFO CONSTANZO

einer der grausamsten Ritualmörder der jüngeren Geschichte war Adolfo Constanzo. Seine Spezialität bestand in einem kultischen Ablauf von Folter und Ermordung: Er schnitt seinen Opfern Herz und Gehirn aus dem Leib, kochte die Organe und aß sie auf. Die bestialischen Rituale, abgeleitet von Voodoo- und Santería-Praktiken, die ihm seine Mutter in Kindestagen gezeigt hatte, sollten seinen Erfolg als Drogendealer sicherstellen. Tatsächlich häufte er über einige Jahre Reichtum an, am Ende erwartete ihn aber ein gewalttätiges Schicksal, ganz so wie seinen Opfern.

ZAUBERLEHRLING

Adolfo de Jesús Constanzo wurde 1962 von einer Kubanerin im Teenager-Alter geboren und wuchs in Puerto Rico und in Miami auf. Als Kind war er katholischer Ministrant, fuhr aber auch mit seiner Mutter nach Haiti, um Voodoo zu erlernen. Als Teenager wurde er zum Lehrling eines örtlichen Hexers und praktizierte den okkulten afrikanischen Ritus des Palo Mayombe, zu dem auch Tieropfer gehörten. Als Erwachsener zog er nach Mexiko City und begegnete seinen ersten Anhängern: Martin Quintana, Jorge Montes und Omar Orea. Mit Quintana und Orea begann er eine schwule Ménage à trois (den einen nannte er seinen „Mann", den anderen seine „Frau"). Er startete ein einträgliches Geschäft mit Zaubersprüchen für Glück und Erfolg, zu dem teure Opferungen von Hühnern, Ziegen, Schlangen, Zebras und sogar jungen Löwen gehörten. Etliche seiner

Kunden waren reiche Drogenhändler oder Profikiller, die die blutige Gewalt in Constanzos magischen Inszenierungen sehr genossen. Auch andere von den Reichen und Mächtigen Mexikos fühlten sich angesprochen, darunter hochrangige, korrupte Polizisten, die ihn mit den Drogenkartellen bekannt machten.

Objekte, die in Voodoo- und Santería-Ritualen Verwendung finden; man beachte die menschlichen Schädel.

Constanzo und seine „Hohepriesterin" Sara Aldrete.

Zu dieser Zeit begann Constanzo, Gräber zu plündern, um an Menschenknochen für seinen *Nganga* (Kessel) zu gelangen, aber hier hörte es nicht auf: bis zum Menschenopfer war es nur mehr ein Schritt. Über 20 Personen, deren verstümmelte Körper man in und um Mexiko City fand, dürften auf diese Weise ihr Ende gefunden haben. Constanzo begann die Erfolge der Kartelle auf die Wirkung seiner Magie zurückzuführen und verlangte von einer der mächtigsten Familien, den Calzadas, eine volle Geschäftspartnerschaft. Als man ihn abwies, verschwanden sieben Mitglieder der Sippe; ihren Körpern, die man später fand, fehlten Finger, Zehen, Ohren, Gehirne und in einem Fall sogar die Wirbelsäule.

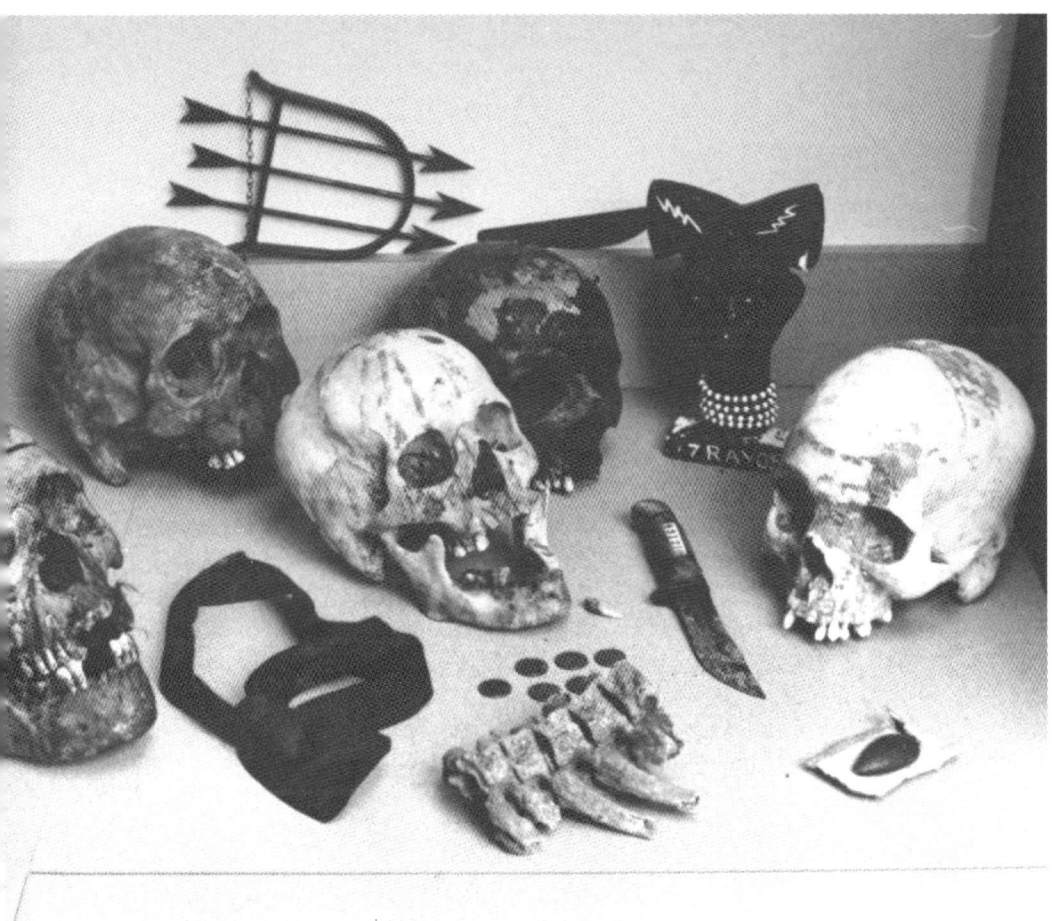

„Die Verhöre brachten Horrorgeschichten um okkulte Magie und rituelle Menschenopfer ans Licht."

Das kühlte das Verhältnis zu den Calzadas merklich ab, also wandte sich Constanzo den Hernandez-Brüdern zu. Eine junge Frau namens Sara Aldrete schloss sich ihm an und wurde zur Hohepriesterin seines Kults. 1988 übersiedelte er in die Rancho Santa Elena, einem Haus in der Wüste, wo er immer sadistischere Ritualmorde verübte. Fremde mussten dran glauben, manchmal erschlug er auch zwei Fliegen mit einer Klappe und brachte rivalisierende Drogendealer um. Außerdem verwendete er seine Ranch, um hier riesige Mengen Kokain und Marihuana zu bunkern.

Am 13. 3. 1989 unterlief Constanzo jedoch ein fataler Fehler. Auf der Suche nach neuen Opfern entführten seine Handlanger den Studenten Mark Kilroy aus einer Bar und brachten ihn auf Constanzos Schlachtbank. Kilroy war aber weder Drogenhändler noch Kleingauner noch einfacher Bauer, sondern der Sohn einer angesehenen texanischen Familie, die jetzt Gerechtigkeit wollte. Auf Druck texanischer Politiker verhaftete die Polizei vier aus Constanzos Gefolge, darunter zwei der Hernandez-Brüder. Die Verhöre brachten Horrorgeschichten um okkulte Magie und rituelle Menschenopfer ans Tageslicht. Bei der Durchsuchung der Ranch fand sich Constanzos Kessel, in dem eine tote schwarze Katze und ein menschliches Gehirn entdeckt wurden. Danach wurden 15 verstümelte Leichen exhumiert, darunter befand sich auch die von Mark Kilroy.

TODESPAKT

Constanzo war mittlerweile nach Mexiko City geflohen und dort untergetaucht. Er flog auf, als es in seinem Apartment zu einem Streit kam; als die Polizei einschritt, beschoss er sie mit einem Maschinengewehr, sah sich aber bald gezwungen aufzugeben. Er übergab seine Waffe dem Profikiller Alvaro de Leon und befahl ihm, ihn selbst und seinen Geliebten, Martin Quintana, zu erschießen. Die Polizei fand die beiden Leichen eng umschlungen. De Leon, genannt „El Duby", und Sara Aldrete, Constanzos weibliche Begleitung, wurden auf der Stelle verhaftet.

Insgesamt 14 Anhänger des Kults wurden wegen einer ganzen Reihe von Verbrechen von Mord und Drogenhandel bis zu Justizbehinderung angeklagt. Sara Aldrete, Elio Hernandez und Serafin Hernandez wurden wegen mehrfachen Mordes vor Gericht gestellt und zu Haftstrafen von jeweils mehr als 60 Jahren verurteilt. El Duby kam mit 30 Jahren davon. Die Ära von Adolfo de Jesús Constanza, High-Society-Hexer und wahnsinniger Mörder, war zu Ende.

LEONARD LAKE UND CHARLES NG

einzeln waren Leonard Lake und Charles Ng widerwärtig. Zusammen ergaben sie eine tödliche Kombination. In kaum mehr als einem Jahr vergewaltigten, folterten und töteten sie mindestens 12 und vielleicht bis zu 25 Menschen – Männer, Frauen und zwei Babys. Die Männer ermordeten sie zumeist wegen des Geldes, die Frauen wegen Sex; die Babys waren ihnen einfach im Weg.

SCHIESSWUT

Leonard Lake war ein fetter alter Hippie mit einer Survival-Obsession. Charles Ng, ein junger Ex-Marine aus Hong Kong, war Kleptomane. Was die beiden am Anfang zusammenbrachte, war ihr Interesse an Feuerwaffen.

Die sexuelle Versklavung von Frauen war schon lange eine Fantasie von Leonard Lake gewesen, dem älteren der beiden. Lake wurde am 20. Juli 1946 in San Francisco geboren. Seine Eltern hatten eine miserable Beziehung; als Lake sechs Jahre alt war, verließ ihn die Mutter und überließ ihn seiner Großmutter. Als Kind genoss es Lake, Mäuse zu fangen und sie in Lösungsmitteln krepieren zu lassen (eine Technik, die ihm später beim Beseitigen seiner menschlichen Opfer nützlich war). Als Teenager missbrauchte er seine Schwestern.

Mit 18 Jahren trat Lake den US-Marines bei und brachte es bis zum Sergeant. Er diente als Funktechniker in Vietnam. In Da Nang erlitt er einen Anfall und verfiel dem Wahn; er wurde nach Hause geschickt und 1971 entlassen. Zu dieser Zeit war er verheiratet, seine Frau verließ ihn aber, weil er gewalttätig und pervers war.

Lake nahm den Lebensstil der Hippies von San Francisco an. Die Vorstellung eines bevorstehenden nuklearen Holocaust wurde immer mehr zur Besessenheit. Acht Jahre lang lebte er in einer Hippie-Kommune bei Ukiah in Nordkalifornien. Dort lernte er Claralyn Balazs kennen, der er den Spitznamen „Cricket" gab. Die damals 25-jährige Aushilfslehrerin ließ sich auf Lakes Sexfantasien ein und spielte in den Pornos mit, die er zu drehen begann. Seine andere Obsession waren Feuerwaffen – ein Teil seiner Survival-Manie. Über ein Inserat, das er 1981 aufgab, kam er mit Charles Ng in Kontakt.

BRANDSTIFTER

Ng, gebürtig in Hong Kong, war ein zerstörungswütiges Kind, besessen von Kampfkünsten und Feuer. Seine Eltern schickten ihn auf eine englische Privatschule, um ihm die Flausen auszutreiben, aber er stahl und flog deshalb von der Schule. In Kalifornien besuchte er ein Semester lang das College und brach dann ab. Bald danach war er in einen Unfall mit Fahrerflucht verwickelt; um der Strafe zu entgehen, verpflichtete er sich bei den US-Marines, denen er vorgaukelte, er sei US-Bürger. Zu dieser Zeit traf er Lake. Sie fassten den Plan, Waffen zu verkaufen, die Ng aus den Beständen der Marines klauen sollte. Ng wurde aber erwischt und zu drei Jahren verurteilt.

Leonard Lake baute
sich eine maßge-
schneiderte Folter-
kammer im Wald.

Nach seiner Entlassung 1985 kontaktierte er sofort Lake, der ihn in sein neues Domizil einlud, eine abgelegene Hütte bei Wilseyville in Kalifornien, die er von Balazs gemietet hatte. Gleich daneben hatte er ein Verlies gebaut, eigens für den gemeinsamen Spaß mit Charlie. Vermutlich hatte er zu diesem Zeitpunkt bereits seinen Bruder Donald und seinen Freund und Trauzeugen Charles Gunnar ermordet; beide um sie zu berauben und im Fall von Charles, um sich dessen Identität anzueignen.

Lake und Ng gaben sich im folgenden Jahr einer Orgie aus Mord, Folter und Vergewaltigung hin. Zu ihren Opfern gehörten die Nachbarn, Lonnie Bond und dessen Freundin Brenda O'Connor samt ihrem Baby Lonnie junior und eine weitere junge Familie, Harvey und Deborah Dubs samt deren jungem Sohn Sean. In beiden Fällen wurden die Männer und die Babys schnell beseitigt, während die Frauen für Ngs und Lakes Folterperversionen am Leben gehalten wurden. Sie quälten und missbrauchten sie – Lake hielt alles auf Video fest –, bevor sie sie umbrachten. Daneben starben Arbeitskollegen von Ng, Verwandte und Freunde auf der Suche nach Bond und O'Connor und zwei schwule Männer.

Ngs Kleptomanie beendete den Wahnsinn. Am 2. Juni 1985 wurde er dabei beobachtet, als er in

Charles Ng – seine Kleptomanie brachte ihn zu Fall.

San Francisco in einem Werkzeugladen eine Schraubzwinge (ein weiteres Folterinstrument?) mitgehen ließ. Ng flüchtete und Lake erschien im Laden und wollte die Zwinge bezahlen. Doch inzwischen war die Polizei alarmiert worden; Officer Daniel Wright fiel auf, dass Lakes Nummernschilder zu einem anderen Wagen gehörten und fand auch dessen Ausweis auf den Namen Scott Stapley verdächtig. Als er in Lakes Auto eine Pistole mit Schalldämpfer fand, verhaftete er den Mörder. In der Zelle verlangte Lake nach Stift, Papier und einem Glas Wasser; er schrieb eine Notiz für Balazs und schluckte dann sofort die Zyanidkapseln, die er in

seiner Kleidung eingenäht hatte. Er gab seine und Ngs wahre Identität zu und starb unter Krämpfen vier Tage später.

KILOWEISE KNOCHEN

Die Polizei fand ziemlich schnell die Wilseyville-Ranch. Von Ng fehlte jede Spur. Dafür wurden Scott Stapleys Laster und Lonnie Bonds Honda gefunden – und die Folterkammer hinter der Hütte. Ein Menschenfuß ragte aus dem Boden; zuletzt hatten die Beamten 18 Kilo verbrannte und zertrümmerte menschliche Knochen ausgegraben, die zu mindestens zwölf verschiedenen Opfern gehörten.

> **„Du kannst schreien wie alle anderen, aber das wird dir nichts nützen. Wir sind – ha, ha – ganz schön kaltherzig, könnte man sagen."**

(Die Leichen von Scott Stapley und Lonnie Bond wurden etwa einen Monat später entdeckt; sie waren weniger als eine Meile entfernt in Schlafsäcken begraben worden.) Eine handgezeichnete „Schatzkarte" führte zu zwei vergrabenen Eimern; einer enthielt Ausweise, denen zufolge die Zahl der Opfer bis zu 25 betragen haben könnte. Im anderen fanden sich Lakes Aufzeichnungen von 1983 und 1984 sowie zwei Ekel erregende Foltervideos. Diese bewiesen auch, dass Ng nicht weniger beteiligt gewesen war als Lake. Auf einem der Bänder sagte er zu Brenda O'Connor: „Du kannst schreien und toben wie alle anderen, aber das wird dir nichts nützen. Wir sind – ha, ha – ganz schön kaltherzig, könnte man sagen."

Ng war inzwischen auf der Flucht. Er war nach Detroit geflogen und hatte die kanadische Grenze überquert, wo man ihn schließlich verhaftete. Aus einem kanadischen Gefängnis begann er mit einem juristischen Großangriff gegen die Auslieferung: Da es in Kanada keine Todesstrafe gibt, käme eine Rückführung in die USA einer Verletzung seiner Menschenrechte gleich.

Erst 1991 verlor er das Rechtsgefecht und wurde in die Vereinigten Staaten überstellt; doch auch damit war die Geschichte noch nicht zu Ende. Ng gelang es, die Vorverhandlungen auf nicht weniger als sieben Jahre auszudehnen, was den Staat die astronomische Summe von 10 Millionen Dollar kostete.

Endlich, im Mai 1999, rund 15 Jahre nach seinen Verbrechen, wurde Ng zum Tode verurteilt. Niemand war besonders überrascht, als er dagegen sofort Berufung einlegte.

PEDRO LOPEZ

edro Lopez, das „Monster aus den Anden", hat Anspruch auf den Titel „Produktivster Serienmörder der Neuzeit". Falls man seiner eigenen Schätzung – 300 Opfer – Glauben schenken kann, gibt es nur noch Harold Shipman, der ihm rein zahlenmäßig das Wasser reichen kann.

STRASSENLEBEN

Pedro Lopez wurde 1949 im kolumbianischen Tolina geboren, als siebentes von dreizehn Kindern einer Prostituierten. Das wäre zu jeder Zeit hart gewesen, aber 1949 ging Kolumbien durch „La Violencia", eine Phase der brutalen Gesetzlosigkeit und des Bürgerkriegs. Pedros Mutter war eine Tyrannin, aber dennoch erkannte der Junge früh, dass jedes Zuhause dem Leben auf der Straße vorzuziehen ist. Dennoch landete er mit acht Jahren genau dort: Seine Mutter ertappte ihn dabei, wie er seinen Schwestern sexuelle Avancen machte, und schmiss ihn raus.

Der erste, der ihn aufnahm, gab sich als barmherziger Samariter aus, entpuppte sich aber als Pädophiler, der Pedro wiederholt missbrauchte, bevor er ihn zurück auf die Straße jagte. Der völlig traumatisierte Junge wurde zu einem nachtaktiven Wilden, der sich in Häusern verbarg und nachts auf essbare Beute aus war.

Er ertrug dieses Leben ein Jahr lang, bis sich ein US-Paar in Bogota seiner erbarmte. Sie nahmen den Bettlerjungen auf, gaben ihm Essen und einen Schlafplatz und schickten ihn auf eine örtliche Schule für Waisenkinder. Diese glückliche Fügung war jedoch nicht von Dauer. Mit zwölf Jahren lief Pedro davon, nachdem er Geld aus dem Schulbüro geklaut hatte. Später behauptete er, er habe das als Reaktion auf einen Lehrer gemacht, der sich ihm unsittlich genähert hatte.

VERGEWALTIGUNG IM KNAST

Wie auch immer, Pedro Lopez war jedenfalls wieder auf der Straße. „La Violencia" war vorbei und die Zeiten weniger hart. Er schaffte es zu überleben: durch Betteln und Dïebereien, wobei er sich als Halbwüchsiger auf Autodiebstähle spezialisierte. Mit 18 Jahren wurde er verhaftet und zu sieben Jahren Gefängnis verurteilt. Bereits nach zwei Tagen im Knast wurde er von vier Mithäftlingen vergewaltigt. Lopez war es aber leid, das Opfer zu sein; er bastelte sich ein Messer und brachte in den folgenden Wochen drei der Männer um. Die Behörden, die sich um Häftlinge nicht kümmerten, legten dafür gerade mal zwei Jahre auf seine Haftstrafe drauf.

1978 wurde ein zorniger und sehr gefährlicher Pedro Lopez entlassen; er hegte einen Groll gegen die Gesellschaft im Allgemeinen und Frauen im Speziellen – seiner Ansicht nach war alleine seine Mutter an allem schuld, was schief gelaufen war.

Lopez war es leid, ein Opfer zu sein – und wurde zum Monster, zu einem der produktivsten Serienmörder aller Zeiten.

„Nach einem Tag voller satanischer Bekenntnisse bat der Geistliche um Entlassung, weil er es nicht ertrug, länger zuzuhören."

Er begann sich auf abartigste Weise zu rächen und startete einen zwei Jahre dauernden Amoklauf. Seine Opfer waren ausnahmslos junge Mädchen, zumeist aus der indigenen Bevölkerung, weil ihm klar war, dass diese den Behörden vollkommen egal waren. Kolumbien reichte ihm nicht: Leichen säumten seinen Weg südwärts entlang der Anden nach Ecuador und Peru. Dort soll er allein hundert Mädchen ermordet haben, bevor ihn Ayachuco-Indios zu fassen bekamen, als er gerade eine 9-Jährige missbrauchen wollte. Sie wollten ihn lebendig begraben, aber auf Intervention eines amerikanischen Missionars wurde er den Behörden übergeben. Diese brachten ihn zurück nach Ecuador und ließen ihn einfach laufen.

ERWISCHT

Für rund ein weiteres Jahr wechselte Pedro Lopez ungehindert zwischen Kolumbien und Ecuador hin und her und tötete dabei offenbar nach Belieben. Den Behörden fiel die wachsende Zahl vermisster Mädchen zwar auf, sie erklärten sich das aber mit Menschenhandel. Dann, im April 1980, schwemmte eine Springflut im ecuadorianischen Ambato die Leichen von vier der Vermissten an Land. Wenige Tage später beobachtete Carvina Poveda in Ambato Lopez bei dem Versuch, ihre 12-Jährige Tochter zu vergewaltigen. Sie rief um Hilfe, Lopez wurde überwältigt und der Polizei übergeben.

Er begann dem Gefängnispriester zu beichten. Nach einem Tag voller satanischer Bekenntnisse bat der Geistliche um Entlassung, weil er es nicht ertrug, Lopez länger zuzuhören. Er teilte den Ermittlern mit, was er erfahren hatte, und konfrontiert mit diesen neuen Beweisen, begann Lopez zu gestehen.

MORD AM HELLLICHTEN TAG

Er erzählte ihnen, er habe hundert Mädchen in Kolumbien ermordet, mindestens 110 in Ecuador und weit mehr als das in Peru. Er drückte seine besondere Begeisterung für Ecuadorianerinnen aus, die weit unschuldiger und zutraulicher als Kolumbianerinnen seien und erklärte, am liebsten am Tag zu töten, um das Leben aus den Augen seiner gewürgten Opfer schwinden zu sehen.

Anfangs war sich die Polizei nicht sicher, ob all dies mehr sei als die Delirien eines Irren. Da Lopez aber lieber als Monster als als Lügner gelten wollte, sagte er, er würde ihnen die vergrabenen Opfer zeigen. In Fußketten gelegt, führte er die Polizei an eine Stelle außerhalb von Ambato, wo man die Überreste von 53 Mädchen fand. Das war mehr als genug, um die Behörden zu überzeugen, dass Lopez das Monster war, als das er sich ausgab.

Weitere Geständnisse ermöglichten es den Ermittlern, Lopez wegen 110-fachen Mordes in Ecuador anzuklagen. Er wurde ordnungsgemäß zu lebenslänglicher Haft verurteilt. Im unwahrscheinlichen Fall, dass er je freigelassen wird, erwartet ihn ein Prozess in Kolumbien – und damit die Todesstrafe.

Lopez zeigt heute keinerlei Reue; er scheint im Gegenteil stolz auf seine Untaten zu sein. „Ich bin der Mann des Jahrhunderts", sagte er in einem Interview, das er aus seiner Zelle heraus gab.

RICHARD RAMIREZ

ichard Ramirez, der „Nacht-Stalker", war ein Fleisch gewordener Albtraum: der Schwarze Mann, der in dunkler Nacht durchs Fenster schlüpft und raubt, vergewaltigt und mordet. Im Sommer 1985 terrorisierte er Los Angeles: Er tötete mehr als ein Dutzend Mal, bevor er dank einer Mischung aus Glück und polizeilichem Geschick gefasst werden konnte.

Familiäre Werte

Ramirez kam am 28. Februar 1960 in El Paso zur Welt, einer westtexanischen Stadt direkt an der Grenze zu Mexiko. Er war das jüngste von sieben Kindern der streng katholischen, mexikanischen Immigranten Julian und Mercedes Ramirez. Sein Vater war meist schlecht gelaunt und schlug ihn oft. Richard wurde in der Schule zum ungeliebten Außenseiter und begann, Zeit mit seinem Onkel Mike (Miguel) zu verbringen.

Dieser hatte in Vietnam gedient und liebte es, seinem Neffen von seinen Abenteuern zu erzählen – insbesondere von all den Frauen, die er dort missbraucht hatte. Angeblich hat er Richard Fotos seiner Kriegsverbrechen gezeigt, darunter eine Bilderserie, auf der er eine Vietnamesin vergewaltigt und danach ihren abgeschlagenen Kopf der Kamera präsentiert. Nachweislich schoss er seiner Frau ins Gesicht – vor den Augen des Jungen.

Ramirez verwahrloste unter diesem Einfluss vollständig. Er brach die Schule ab und verbrachte seine Zeit damit, zu kiffen, Heavy Metal zu hören und sich Junk Food und Limos zu verabreichen, bis ihm die Zähne verfaulten. Er lebte mal hier, mal da in El Paso, mitunter bei seiner Schwester Ruth, und wurde zum Kleinkriminellen.

Der erste Mord

Anfang der 80er-Jahre zog er von Texas fort, zuerst nach San Francisco, dann nach Los Angeles. Dort stieg er von Marihuana auf Kokain um, begann fanatisch AC/DC zu hören – speziell der Song „The Night Prowler" hatte es ihm angetan – und verdiente seinen Lebensunterhalt mit Autodiebstahl. Das brachte ihm zwei kurze Gefängnisaufenthalte ein. Nach der zweiten Entlassung beging er seinen erste Mord.

Das Opfer war die 79-jährige Jennie Vicow. Ramirez brach am 28. Juni 1984 in ihr Apartment in einem Vorort von Los Angeles ein, während sie schlief, vergriff sich an ihr, erstach sie und stahl ihren Schmuck.

Bis zum nächsten Mord vergingen neun Monate. Dieses Mal griff er eine junge Frau namens Maria Hernandez an, die gerade ihre Wohnung betreten wollte. Er schoss auf sie, aber wie durch ein Wunder prallte die Kugel von ihren Schlüsseln ab, sodass sie lediglich umgeworfen wurde. Er trat gegen den hingestreckten Körper, aber es gelang ihr, sich tot zu stellen. Unbefriedigt drang Ramirez in das Apartment ein, wo er auf Hernandez' Mitbewohnerin, Dayle Okazaki, traf und sie erschoss.

Wahnsinn

Selbst dieser Mord befriedigte seine perversen Gelüste nicht; noch am selben Abend schleifte er Tsa Lian Yu aus ihrem Auto in den Monterey Park, wo er mehrere Schüsse auf sie abgab. Sie starb am nächsten Tag im Krankenhaus.

Schon drei Tage später schlug Ramirez wieder zu: Dieses Mal vergewaltigte er eine 8-Jährige, ließ sie aber am Leben. Eine Woche darauf stürzte er

sich auf ein Pärchen, Vincent und Maxine Zazzara, tötete beide und schnitt Maxine die Augen heraus wie eine Jagdtrophäe. Dieser Doppelmord muss ihn elektrisiert haben, denn von nun an griff er bevorzugt Paare an.

Das nächste Paar griff er am 14. Mai 1985, sechs Wochen später, an. Zuerst verpasste er dem 65-jährigen William Doi einen Kopfschuss, dann prügelte und vergewaltigte er dessen Frau. Doi gelang es aber, vor seinem Tod noch einen Notruf abzusetzen; das rettete seiner Frau das Leben, da Ramirez sofort die Flucht ergriff.

Weitere zwei Wochen später variierte er seine Vorgehensweise. Sein nächstes Opfer war die 42-jährige Carol Kyle, die er vergewaltigte, nachdem er ihren 11-jährigen Sohn geknebelt und in einen Schrank gesperrt hatte. Immerhin ließ er beide am Leben, sodass Carol Kyle der Polizei eine gute Täterbeschreibung geben konnte.

Ramirez Blutlust erreichte jetzt ihren Höhepunkt. Schon tags darauf attackierte er zwei über 80-jährige Schwestern, Mabel Bell und Florence Lang. Er schlug mit einem Hammer auf sie ein und zog dann Pentagramme auf Bells Körper und an verschiedenen Stellen in der Wohnung. Sie wurden am nächsten Tag gefunden: Mabel war tot, Florence hatte überlebt.

Drei Wochen darauf schlitzte er der 29-jährigen Patty Higgins die Kehle auf. Die nächsten zehn Tage brachten vier weitere Angriffe; zwei Opfer starben.

„Was soll's. Der Tod war immer in meiner Nähe. Man sieht sich in Disneyland."

Dann begann der finale Amoklauf. In einer einzigen Nacht des Grauens tötete er drei Menschen und ließ zwei weitere traumatisiert zurück. Als erstes erschoss er Max und Lela Kneiding, ein Paar in den 60-ern. Sofort danach brach er in ein Haus im Sun Valley ein, wo er Chainarong Khovanath im Schlaf erschoss, bevor er dessen Frau Somkind misshandelte und missbrauchte. Danach fesselte er sie und verging sich an ihrem 8-jährigen Sohn.

NACHT-STALKER

Selbst nach diesen Vorfällen weigerte sich die Polizei zuzugeben, dass ein Serienkiller sein Unwesen trieb. Erst als ein Paar am 6. August Ramirez' Angriff in ihrer Wohnung überlebte und zwei Tage später ein Mann erschossen und dessen Frau vergewaltigt wurde, war auch für die Behörden die Zeit zu handeln gekommen. Die Einsatztruppe „Nacht-Stalker" wurde gebildet und die Presse über den tödlich gefährlichen Wahnsinnigen informiert. Ramirez verließ kurz die Stadt und mordete in San Francisco weiter: Einmal mehr tötete er einen Mann (mit dem unwahrscheinlichen Namen Peter Pan) und vergewaltigte dessen Frau. Auch dieses Mal hinterließ er satanische Symbole.

Zurück in Los Angeles schlug er Ende August ein letztes Mal zu. Wieder erwischte es ein Paar, doch glücklicherweise überlebte der 29-jährige William Carns, obwohl er drei Kugeln abbekam. Seine Partnerin, Renata Gunther, war trotz Vergewaltigung und dem wiederholt von ihr erzwungenen Satz „Ich liebe den Teufel" noch in der Lage, Ramirez Fluchtwagen als einen Toyota-Kombi zu identifizieren. Einem anderen Nachbarn war das Auto ebenfalls aufgefallen; er hatte das dazugehörige Kennzeichen notiert.

Das verlassene Auto war schnell gefunden – und diesmal hatten die Ermittler Glück, denn sie fanden auf dem Wagen einen Fingerabdruck. Erst wenige Tage zuvor war die Fingerabdruck-Datenbank in Sacramento aktualisiert worden und so gab es sofort einen Treffer: Richard Ramirez, der Kleinkriminelle. Ramirez' Foto zierte am nächsten Tag die Titelseiten sämtlicher Zeitungen von Los Angeles. Der Mörder erkannte das erst, als er im Osten von LA einen Drugstore betrat und alle Kunden ihn anstarrten. Er rannte davon und versuchte, ein Auto zu knacken, wurde aber sogleich von Passanten überwältigt. Die Polizei konnte ihn gerade noch davor bewahren, gelyncht zu werden.

Ramirez soll bereit gewesen sein, vor Gericht alles zu gestehen, wurde aber von seinem Verteidigerteam überredet, auf nicht schuldig zu plädieren. Trotzdem verhielt er sich während des Prozesses sehr aggressiv; er hielt ein auf die Hand gemaltes Pentagramm hoch und sagte: „Heil Satan!" Den Anwesenden erklärte er: „Ihr Maden macht mich krank. Ich bin jenseits von Gut und Böse." Er wurde des 13-fachen Mordes für schuldig befunden und zum Tode verurteilt. Nach der Urteilsverkündung sagte er: „Was soll's. Der Tod war immer in meiner Nähe. Man sieht sich in Disneyland."

Seither entstand ein Kult um ihn. Frauen kämpften vor dem Gerichtssaal buchstäblich um seine Gunst. Doreen Lioy schaffte es sogar, ihn im Oktober 1996 im Gefängnis von San Quentin zu heiraten. Dort wartet Ramirez auf die Hinrichtung.

PÄDOPHILE
KILLER

Viele Jahre lang galt Pädophilie als zu entsetzlich, um auch nur darüber zu reden; es war das totgeschwiegene Verbrechen. Heute erkennen wir seine Existenz an und haben uns damit ein noch größeres Entsetzen davor eingehandelt. Der Pädophile ist der Leibhaftige unserer Tage: Er ist irgendwo da draußen, bereit unsere Kinder zu entführen, zu missbrauchen und zu töten. Unser Entsetzen ist so gewaltig, dass wir uns manchmal einer pädophilen Epidemie ausgesetzt wähnen, die es zum Glück nicht wirklich gibt. Die Zahl der kindlichen Opfer von Vergewaltigung und Mord ist über die Jahrzehnte stets auf einem stabilen Niveau geblieben.

Das ändert nichts daran, dass die pädophilen Killer von allen Serienmördern die vielleicht größte Angst verbreiten. Bestien, die sich an unschuldigen Kindern vergreifen, sie vergewaltigen, foltern und töten, erleben wir Erwachsene als auf eine Weise unmenschlich, die einfach nicht zu ertragen ist. Ihre Verbrechen sind schwer zu vergessen, ihre Namen sind berüchtigt: John Wayne Gacy, der Killer-Clown aus Chicago; Andrei Tschikatilo, der Kannibale aus der Ukraine; Marc Dutroux, der belgische Mittelpunkt eines Pädophilenrings, der kleine Mädchen erstach.

Gacy war in der Nachbarschaft beliebt. Als Bauunternehmer beschäftigte er Jugendliche, als Clown unterhielt er Kinder. So fiel es ihm leicht, junge Burschen in seine Welt zu locken; einmal hinter verschlossenen Türen verwandelte er sich in ein Monster, das sich an Missbrauch, Folter und Mord begeisterte. Tschikatilo und Dutroux taten jungen Mädchen Gewalt an, kein bisschen weniger widerwärtig grausam als ihr US-Gegenstück. Was auch immer diese Männer im Detail verbrachen: Sie sind die bestialischsten aller Serienmörder, der letzte Abschaum der Menschheit.

ANDREI TSCHIKATILO

Andrei Tschikatilo, der „Schlitzer von Rostow", Mörder von über 50 Frauen, Mädchen und Jungen, rückte nach seiner Verhaftung 1990 ins Bewusstsein der Weltöffentlichkeit, gerade als der Zusammenbruch der Sowjetunion begann. Wäre er zuvor erwischt worden, sein Name wäre vermutlich nie bekannt geworden; in der UdSSR gab es offiziell keine Serienmörder, die als Phänomen allein des dekadenten Westens bezeichnet wurden. Über das ganze Ausmaß der Kriminalität während des kommunistischen Regimes wissen wir deshalb bis heute nicht Bescheid.

HANNIBAL LECTER

Tschikatilo wurde am 19. Oktober 1936 in der Dorfschaft Jablotschnaja mitten in der ländlichen Ukraine geboren. Das Baby hatte Ödeme, die den Kopf verformten und das Gehirn geschädigt hatten. Zudem wurde er in die Zeit der stalinistischen Zwangskollektivierung hineingeboren, in der Hunger und namenloses Elend das Land im Würgegriff hielten. Laut seiner Mutter hatte der Junge einen älteren Bruder namens Stepan gehabt, der von hungernden Nachbarn entführt und verzehrt worden sei. Ob dies der Wahrheit entspricht, ist nicht klar (ein Stepan Tschikatilo ist nirgends verzeichnet), aber mit Sicherheit traumatisierten diese Berichte den jungen Andrei. (Thomas Harris entlieh

sich diese grauenvolle Geschichte, um den Wahn seines erfundenen Serienmörders Hannibal Lecter zu erklären.) Die frühe Kindheit fiel in den Zweiten Weltkrieg, was alles noch schlimmer machte. Sein Vater geriet in Kriegsgefangenschaft und wurde nach seiner Rückkehr von den Russen interniert.

Nach der Schule trat Tschikatilo der Armee und der KPdSU bei – letzteres ein obligater Schritt, um es in Sowjetrussland zu etwas zu bringen. Nach dem Heeresdienst arbeitete er als Telefontechniker und absolvierte in seiner Freizeit ein Universitätsstudium, das ihm schließlich eine Stelle als Lehrer nahe Rostow am Don ermöglichte. Zur selben Zeit nahm er, auf Vermittlung seiner Schwester, Fayina zur Frau. Wie sich später herausstellte, kämpfte Tschikatilo lebenslang mit Impotenz, dennoch gelang es ihm, zwei Kinder zu zeugen.

GEFÄLSCHTES ALIBI

Tschikatilo schien ein normales Leben zu führen. Er war 42 Jahre, als seine Dämonen erwachten – weit älter als die meisten Serienmörder. 1979 wählte er sein erstes Opfer, eine 9-Jährige namens Lena Sakotnowa. Er brachte sie zu einer nahegelegenen Datscha und versuchte sie zu vergewaltigen. Nachdem dies misslang, griff er zu einem Messer und erstach sie; die Leiche warf er in den nächsten Fluss, wo man sie am Heiligen Abend fand.

> **„Tschikatilo kämpfte lebenslang mit Impotenz, dennoch gelang es ihm, zwei Kinder zu zeugen."**

Tschikatilo wurde in der Sache mehrfach verhört, doch zu seinem Glück verschaffte ihm seine Frau ein gefälschtes Alibi und der als Vergewaltiger vorbestrafte Alexander Krawtschenko wurde zu einem Geständnis geprügelt und hingerichtet.

Nichtsdestotrotz sammelten sich Indizien für Tschikatilos Widernatürlichkeit, sodass er seine Stelle als Lehrer verlor; er hatte junge Burschen im Schlafsaal belästigt. Sein Parteibuch kam ihm jetzt zugute: Nach kurzer Zeit fand er wieder Arbeit in der Versorgungsabteilung einer Fabrik in der Nachbarstadt Schachty. Zum Job gehörte eine Vielzahl von Dienstreisen in der Region – und damit jede Menge Gelegenheit zu morden. Am liebsten näherte er sich seinen Opfern an Bahnhöfen und Bushaltestellen, von wo er sie in den nächsten Wald lockte und tötete.

Mit dem Mord an der 17-jährigen Larisa Tkatschenko, die in der Gegend dafür bekannt gewesen war, sexuelle Gefälligkeiten gegen Essen und Trinken zu erweisen, begann seine Mordserie. Tschikatilo würgte sie und stopfte ihr Dreck in den

Tschikatilos Tasche für die Utensilien seiner Untaten. Bei einem von 1 Million Männern unterscheiden sich die Blutgruppen von Blut und Sperma; Tschikatilo war dieser Mann.

Mund, um ihre Schreie zu unterdrücken. Später sagte er, sein erster Mord habe ihn aufgeregt, der zweite aber erregt. So folgte im Juni 1982 das nächste Opfer, die 13-jährige Ljuba Birjuk; ihr schnitt er die Augen heraus, ein Akt, der zu seinem Markenzeichen werden sollte.

ZUNEHMENDE BRUTALITÄT

Bis Mitte 1983 ermordete er sechs Menschen, darunter zwei junge Männer. Tschikatilo wurde immer brutaler; stets entfernte er Körperteile seiner Opfer, am liebsten die Genitalien. Man nimmt an, dass er die Teile in einer perversen Reminiszenz an das Schicksal seines Bruders gegessen hat; er selbst sagte, er habe „nur daran geknabbert".

Die Morde alarmierten die Polizei, der Sowjet-Presse wurde jedoch nicht gestattet, von dem Wahnsinnigen zu berichten. Allein im August 1984

wurden acht Opfer gefunden. Der einzige Hinweis, der sich aus Samenspuren auf den Körpern einiger Opfer ergab, war die Blutgruppe des Täters: AB.

Bald danach wurde Tschikatilo auf einem Bahnhof verhaftet, als er Mädchen belästigte. Man fand ein Messer und ein Seil in seiner Tasche, aber weil seine Blutgruppe nicht AB, sondern A war, wurde er wieder freigelassen.

Auf freiem Fuß setzte Tschikatilo das Morden einfach fort. Dutzende Unschuldige verloren im Lauf der nächsten fünf Jahre ihr Leben. 1988 waren es acht, 1990, in Tschikatilos letztem Jahr in Freiheit, neun Menschen. Zu dieser Zeit hatte ein neuer Kommissar, Issa Kostojew, die Ermittlungen übernommen.

Dieser ließ Bus- und Bahnstationen von einer Flut von Beamten überwachen – und hatte schließlich Erfolg. Unmittelbar nach dem Mord an der 21-jährigen Swetlana Korostik wurde der heftig atmende und blutbesudelte Tschikatilo gesichtet. Ein Beamter nahm seine Personalien auf und verhaftete ihn, als er ihn als früheren Verdächtigen identifizierte. Nach zehn Tagen in Gewahrsam gestand er 52 Morde, mehr als der Polizei bewusst gewesen war. 1992 wurde er vor Gericht gestellt.

Um ihn vor Angehörigen der Opfer zu schützen, wurde Tschikatilo für den Prozess in einen Käfig gesperrt, in dem sich der kahl rasierte Mann als tobender Irrer gebärdete. Nach dem Schuldspruch am 15. Februar 1994 wurde er exekutiert: mit einem einzigen Schuss in den Hinterkopf.

MARC DUTROUX

Jeder Serienmörder hinterlässt einen Pfad der Vernichtung; er zerstört nicht nur Leben, sondern ganze Netzwerke von Familien, Freunden und Geliebten. Der Fall des Belgiers Marc Dutroux hatte jedoch noch weit schwerwiegendere Folgen: Seine Verbrechen erschütterten eine ganze Nation, sie waren der Grund für die größten Demonstrationen der belgischen Geschichte und führten zum Rücktritt etlicher Regierungsmitglieder. Denn Dutroux war nicht nur ein Pädophiler und Mörder, sondern stand auch mit einem Pädophilenring in Verbindung, zu dem viele einflussreiche Personen gehörten.

STRICHJUNGE

Marc Dutroux wurde am 6. November 1956 in Belgiens Hauptstadt Brüssel geboren, als ältestes von sechs Kindern von Victor und Jeanine Dutroux. Beide Eltern unterrichteten. Laut Dutroux haben sie ihn häufig geschlagen. Wie alle seine Aussagen ist aber auch diese mit äußerster Vorsicht zu genießen. Sicher ist, dass die Eltern 1971 getrennte Wege gingen; ihr Ältester war damals 15 Jahre alt. Kurz darauf ging er von zu Hause fort, rutschte in die Kleinkriminalität ab und wurde einigen Presseberichten zufolge zum Strichjungen.

Mit 20 Jahren hatte Dutroux Arbeit als Elektriker gefunden. Er hatte seine erste Frau geheiratet, die ihm zwei Kinder gebar, bevor sie sich wegen Untreue und Gewalt von ihm scheiden ließ. Eine der Frauen, mit der er seine Gattin betrogen hatte, war Michele Martin, die später seine zweite Frau wurde. Sie teilte seine abgründigen sexuellen Vorlieben.

Das Paar wurde 1989 wegen Kindesmissbrauchs verurteilt: Gemeinsam hatten sie fünf Mädchen entführt, damit Dutroux sie vergewaltigen konnte. Er wurde zu 13 Jahren Haft verurteilt, aber bereits nach drei Jahren wegen guter Führung entlassen. Dies obwohl Dutrouxs Mutter der Gefängnisführung geschrieben hatte, dass ihr Sohn seine Großmutter zu Tode erschreckt hatte: Bei überwachten Freigängen hatte er vor den Augen der alten Dame ein Inventar ihrer Besitztümer angelegt. Die Verantwortlichen hatten auf diese Briefe jedoch nie reagiert.

Vor seiner Haftstrafe war Dutroux in diverse kriminelle Unternehmungen von Überfällen bis Drogenhandel involviert gewesen. Nach seiner Entlassung versuchte er gar nicht, Arbeit zu finden, sondern baute als erstes ein Verlies unter einem Haus in der Stadt Charleroi, einem von mehreren

> "Nach der Entlassung baute er ein Verlies unter einem der Häuser, die er sich von seiner Beute gekauft hatte."

Häusern, die er sich von seiner Beute gekauft hatte. Das Verlies war für den Missbrauch von Kindern gedacht – und um die Untaten zu filmen. Die Videos sollten an ein Pädophilen-Netzwerk verkauft werden, in dem man bereit war, für solches Material Unsummen auszugeben.

Wie bei vielen Serienkillern ist es gut möglich, dass Dutroux mehr Morde begangen hat, als angenommen wird. Es scheint unwahrscheinlich, dass sein Verlies drei Jahre lang unbenutzt geblieben sein soll. Die erste Gräueltat, von der wir wissen, fand am 24. Juni 1995 statt. Zwei Achtjährige, Julie Lejeune und Melissa Russo, wurden in der Nähe ihrer Wohnstätten in Liège (Lüttich) entführt.

Man brachte sie in Dutrouxs Verlies, wo sie als Sexspielzeuge gehalten und höchstwahrscheinlich von den Mitgliedern eines Pädophilenrings missbraucht wurden.

Zwei Monate später entführten Dutroux und Bernard Weinstein zwei Teenager, An Marchal und Eefje Lambreks, aus Ostende. Sie brachten sie zu Weinsteins Haus, vergingen sich an ihnen und brachten sie dann um. Dann tötete Dutroux aus unbekannten Gründen Weinstein und vergrub alle drei Leichen unter einem Gartenschuppen.

Zu Tode Gehungert

Währenddessen waren die Kinder noch immer im Verlies eingesperrt. Die Polizei hatte einen Tipp bekommen und untersuchte das Haus, schaffte es aber, die Folterkammer zu übersehen, obwohl sie eigens darauf hingewiesen worden war. Dann, im Dezember 1995, wurde Dutroux zu vier Monaten Haft wegen Autodiebstahls verurteilt. Bevor er die Strafe antrat, wies er Michele Martin an, den Kindern Essen zu bringen. Doch obwohl sie das Haus regelmäßig besuchte, um Dutroux' Hunde zu füttern, geschah das nicht: Sie habe sich zu sehr gefürchtet, den Keller zu betreten, sagte sie – und ließ die Mädchen verhungern.

Wieder auf freiem Fuß fand Dutroux die Leichen, packte sie für eine Weile in die Tiefkühltruhe und begrub sie dann im Garten eines seiner Häuser in Sars-la-Buissière. Am 28. Mai entführte er Sabine Dardenne (14) und verschleppte sie ins Verlies. Er sagte ihr, er habe sie vor einer Bande von Pädophilen gerettet, die auf ein Lösegeld von ihren Eltern warte. Danach, schrieb Sabine in ihr Tagebuch, dass er sie etwa 20-mal vergewaltigt hat.

Nach 72 Tagen im Verlies bekam sie Gesellschaft von Dutroux' neuestem Opfer, der 9-jährigen Laetitia Delhez.

Dieses Mal gab es jedoch einen Zeugen, der ein verdächtiges Fahrzeug nahe beim Ort der Entführung bemerkte: Dutroux' Wagen. Er und Martin wurden am 13. August im Haus in Sars-la-Buissière verhaftet. Zwei Tage danach wurde das Haus in Charleroi durchsucht; dieses Mal fand man das Verlies, und Laetitia und Sabine konnten es lebend verlassen. In den folgenden Wochen beharrte Dutroux darauf, nur ein kleines Rädchen einer viel größeren Verschwörung zu sein. Unter den Augen der geschockten Nation führte er die Polizei zu den Leichen seiner fünf Opfer.

Das Entsetzen verwandelte sich in Wut, als sich die Ermittlungen endlos hinzogen. Spekulationen wurden laut, dass Pädophile aus Belgiens High Society die Aufklärung des Falls behinderten. Dann wurde der Chefermittler in dem Fall plötzlich abgesetzt. Belgien reagierte mit Massenprotesten, die sich gegen die korrupte Regierung wandten.

Zwei Jahre später flammte der Volkszorn erneut auf, als Dutroux kurzfristig entkommen konnte. Zwei Minister mussten ihr Amt niederlegen. Auch so sollten noch weitere sechs Jahre vergehen, bis der Fall im März 2004 vor Gericht kam. Dutroux versuchte die Schuld auf Komplizen abzuwälzen, aber die Aussagen der Überlebenden, besonders jene von Sabine Dardenne, belasteten ihn aufs Schwerste.

Er wurde zu lebenslanger Haft ohne Aussicht auf Begnadigung verurteilt. Michele Martin erhielt 30 Jahre wegen Beihilfe und für die Grausamkeit, mit der sie die zwei Kinder einfach verhungern ließ.

JOHN WAYNE GACY

elbst im Vergleich mit anderen mordenden Geißeln der Menschheit ist John Wayne Gacy, der „Killerclown", ein spezieller Albtraum – eine Ikone des Bösen in reinster Form. Seine Verkleidung als Clown bei Kindergeburtstagen in der Nähe seines Chicagoer Vororthauses hängt damit zusammen – ein Sexmörder hinter der Fassade der völligen Unschuld, welch widerwärtige Täuschung –, aber auch die schiere Monstrosität seiner Verbrechen: Er missbrauchte, ermordete und begrub 33 junge Männer.

John Wayne Gacy wurde am 17. März 1942, dem St. Patricks Day, als zweites von drei Kindern von Elaine Robinson Gacy und John Wayne Gacy senior

„Gacy wurde wegen Kindesmissbrauchs zu 10 Jahren verurteilt; seine Frau ließ sich scheiden."

geboren. Er wuchs in einem gutbürgerlichen Viertel Nord-Chicagos als Katholik auf. Seine Kindheit blieb auf den ersten Blick ereignislos. Eine nähere Betrachtung bringt jedoch Probleme ans Licht: Sein Vater war ein Misanthrop, der seinen Zorn häufig verbal und durch physische Gewalt an John Wayne jun. ausließ. Das brachte den Sohn der Mutter sehr nahe. Mit elf Jahren traf ihn eine Schaukel heftig am Kopf; seine gesamten Teenager-Jahre litt er daraufhin an Blackouts und Herzproblemen, wobei letztere wahrscheinlich nur seiner hypochondrischen Neigung entsprangen: Unter Druck flüchtete er sich gerne in die Behauptung, ihm drohe ein Herzanfall.

Gacy war in der High School schwach und schaffte keinen Abschluss; also zog er nach Las Vegas, um dort sein Glück zu machen. Vorerst landete er dabei in einer Leichenhalle, wo er ein ungesundes Interesse an den Toten erkennen ließ. Er kehrte nach Chicago zurück und besuchte ein Wirtschafts-College. Dabei entdeckte er seine Begabung als Verkäufer: Er konnte den Leuten einfach alles aufschwatzen.

IDEALBÜRGER

Im Jahr 1964 heiratete John Wayne Gacy Marlyn Myers. Deren Vater nannte einige Kentucky Fried Chicken-Läden sein Eigen. Gacy stieg ins Familienunternehmen ein und wurde Geschäftsführer eines Restaurants. Das Paar bekam ein Kind und Gacy begann sich in seiner neuen Heimatstadt Waterloo in Iowa extrem in einer örtlichen Wohlfahrtsgesellschaft zu engagieren.

Doch 1968 stürzte der schöne Schein in sich zusammen: Gacy wurde wegen sexuellem Missbrauch an einem jungen Angestellten zu zehn Jahren verurteilt. Seine Frau ließ sich sofort scheiden.

GUTE FÜHRUNG

Er wurde nach nur 18 Monaten wegen guter Führung wieder aus der Haft entlassen. In dieser Zeit war sein Vater gestorben; nun war es an der Mutter, zu der er stets ein besonderes Verhältnis gehabt hatte, ihm dabei zu helfen, wirtschaftlich wieder auf die Beine zu kommen. Er kaufte ein neues Haus in einem Vorort Chicagos und etablierte sich als Bauunternehmer. Im Juni 1972 heiratete er erneut: Carole Hoff zog mit ihren beiden Töchtern aus erster Ehe in Gacys Haus. Die neue Familie wurde bald zu einer der beliebtesten in der ganzen Nachbarschaft. Gacy schmiss Western- und Hawaii-Partys und wurde zum lokalen Politaktivisten für die Demokraten.

GERICHTSFALL

Carole Hoff wusste um Gacys Vergangenheit, glaubte diese sei aber überwunden. Damit lag sie völlig falsch. Noch kurz vor der Hochzeit war Gacy wegen sexueller Belästigung eines Minderjährigen angeklagt worden; die Sache blieb jedoch folgenlos, weil der Kläger nicht vor Gericht erschien. Dennoch wurden Gerüchte über Gacys Verhalten gegenüber den jungen Burschen laut, die er so gerne in seiner Firma anstellte. Bis 1975 war seine Ehe ein Trümmerhaufen. Carole war von der homosexuellen Pornografie, die sie überall im Haus fand, angewidert. Gacy entschuldigte sich aber nicht dafür, sondern sagte, er bevorzuge eben Männer. Die Scheidung folgte 1976. Wie sich herausstellte, hatte Gacy während der Ehe Fremde in Chicagoer Schwulenbars aufgelesen, etliche Morde begangen und die Leichen unter seinem Haus begraben; die Nachbarn hatten sich sogar über den grauenvollen Gestank beschwert.

Nach dem Scheitern seiner Ehe ließ Gacy seiner Mordlust freien Lauf. Er ging methodisch vor: Die Opfer, ob von der Straße oder der Belegschaft, wurden ins Haus gelockt und mit Alkohol und Marihuana versorgt. Dann bot Gacy an, ihnen einen Zaubertrick zu zeigen, wofür sie sich Handschellen anlegen lassen sollten. So fanden die jungen Männer sich plötzlich der Gewalt Gacys wehrlos ausgeliefert. Er folterte sie, missbrauchte sie und brachte sie schließlich um, indem er sie erwürgte, während er sie vergewaltigte.

CLOWNEREIEN

Für eine ganze Weile kam Gacy damit durch. Seine Nachbarn hegten keinen Verdacht, obwohl sie sich wiederholt über den Gestank beschwerten, der aus seinem Haus drang. Er gab weiter Partys und begann, als „Pogo der Clown" kranke Kinder im Krankenhaus zu besuchen. Bei den Demokraten schätzte man seine Dienste so sehr, dass es sogar zu einem Foto kam, auf der er der damaligen First Lady, Roslyn Carter, die Hand schüttelt.

1978 begannen ihn seine Geheimnisse einzuholen. Im Februar entführte er einen jungen Mann names Jeffrey Rignall, betäubte, vergewaltigte und folterte ihn und warf ihn dann in einen Park, erstaunlicherweise ohne ihn zu töten. Rignall ging zur Polizei, die sich nicht für den Fall interessierte,

schaffte es aber dann im Alleingang, seinen Entführer ausfindig zu machen. Er zeigte Gacy an und im Spätsommer 1978 begannen die Ermittlungen.

HAUSDURCHSUCHUNG

Gacy hatte noch immer keinerlei Klage am Hals, als am 16. Oktober der 15-jährige Robert Piest verschwand. Seine Eltern fanden heraus, dass er wegen eines Jobs zu Gacy gegangen war. Der gab vor, von nichts zu wissen, aber der Ermittler entschied sich zu einer Hausdurchsuchung. Man fand eine ganze Reihe verdächtiger Dinge: Handschellen,

Demonstranten bringen zum Ausdruck, wie sie über Gacy denken: Sie werfen seine Besitztümer ins Feuer.

Pornos, Drogen usw. Auch der Gestank wurde registriert.

Mit den Beweisen konfrontiert, gestand Gacy schließlich einen einzigen Mord. Die Polizei begann zu graben; bald wurde klar, dass es nicht um ein, sondern um Dutzende Opfer ging. Insgesamt wurden 28 Leichen gefunden. Die fünf jüngsten Opfer waren in nahegelegene Flüsse geworfen worden, weil Gacy der Platz zum Vergraben ausgegangen war.

Angeklagt wegen Mordes in 33 Fällen, plädierte John Wayne Gacy auf Unzurechnungsfähigkeit.

Die Geschworenen wollten jedoch nicht so recht glauben, dass jemand, der Gräber im Voraus aushebt, unter Gewaltanfällen jenseits seiner Kontrolle leidet, und verurteilten ihn zum Tod. Im Gefängnis wurde Gacy zu einer grotesken Berühmtheit: Fans konnten eine Mehrwert-Telefonnummer wählen, um seine Version der Geschichte zu hören. Er gab gerne Interviews und zeigte seinen Bewunderern seine selbst gemalten Bilder. Zuletzt behauptete er, das Opfer einer Verschwörung gewesen zu sein und niemals getötet zu haben. Am 10. Mai 1994 erhielt er dennoch die Giftspritze.

HECKEN-
SCHÜTZEN

Die meisten Serienkiller wollen, getrieben von sexuellem Verlangen, so nah wie möglich an ihre Opfer herankommen. Einige wenige machen es gänzlich anders: Sie halten Abstand. Das sind die Heckenschützen, die Männer, die das Leben ihrer Opfer nehmen, ohne dass diese ihre Mörder je zu Gesicht bekommen. Das macht sie auf manche Weise zu den gefürchtetsten Mördern, denn was könnte schreckenerregender sein als zu wissen, dass man, während man gerade einkauft oder das Auto volltankt, jederzeit im Visier eines Wahnsinnigen sein könnte, der einen aus einer momentanen Laune heraus einfach erschießt?

Heckenschützen sind extrem schwer zu fassen und üben einen derartigen psychischen Terror aus, dass sie das Getriebe einer ganzen Stadt zum Erliegen bringen können. Genau das bewerkstelligte der berühmteste aller Distanzmörder: David Berkowitz erlegte im langen, heißen Sommer von 1977 einem Teil von New York City eine faktische Ausgangssperre auf. Ein Vierteljahrhundert später brachten John Muhammad und dessen Kumpan John Malvo denselben Schrecken über Washington D. C. Der Oktober 2002 war, so kurz nach 9/11, womöglich sogar noch traumatisierender.

Diese Serienmörder sind am schwersten zu verstehen. Die Motivation von Sexualtätern ist widerwärtig, aber zumindest eindeutig. Was aber bringt einen Mann dazu, Wildfremde aus der Distanz abzuknallen? Sowohl Berkowitz als auch Muhammad wurden vom Gericht als geistig gesund eingestuft; nichtsdestotrotz waren ihre Taten mit Sicherheit der Ausdruck reinen Irrsinns.

DAVID BERKOWITZ

Für etwas mehr als ein Jahr terrorisierte ein Killer New York City, der sich „Sohn des Sam" nannte. Er war ein einsamer Schießwütiger, der ohne Warnung oder erkennbaren Grund junge Frauen und Paare ermordete, die im Auto saßen oder nichts ahnend die Straße entlanggingen. Der Schrecken wurde zur Panik, als der Todesschütze begann, der Polizei und der Presse Nachrichten zu schicken – seltsame, weitschweifige Briefe, in denen er von sich selbst als „Son of Sam" sprach. Der Mörder wurde im Bewusstsein der Menschen zu einem Dämon; erst als man ihn fasste, entpuppte er sich als ein scheinbar gewöhnlicher Mann namens David Berkowitz, ein 23-jähriger gebürtiger New Yorker.

Die ersten 20 Jahre seines Lebens war David Berkowitz sehr unscheinbar. Er wurde am 1. Juni 1953 geboren und von seiner leiblichen Mutter Betty Falco sofort zur Adoption freigegeben. Seine Adoptiveltern, Nathan und Pearl Berkowitz, waren stille Menschen, die gerne für sich blieben. David wuchs zu einem großen, linkischen Jungen heran, der kaum Freunde hatte. Als er 14 Jahre alt war, starb seine Adoptivmutter tragischerweise an Bauchspeicheldrüsenkrebs.

DER TOD DER MUTTER

Der Tod seiner Mutter traf ihn schwer; er versagte in der Schule. Dann heiratete sein Vater wieder, doch die Stiefmutter konnte David nicht leiden. 1971 zog das alte Paar in eine Rentnersiedlung in Florida und ließ David in New York zurück. Er reagierte, indem er sich für die nächsten drei Jahre bei der Armee einschrieb. In dieser Zeit machte David, der Frauen gegenüber extrem unbeholfen war,

auch die einzige sexuelle Erfahrung seines Lebens. Eine koreanische Prostituierte hängte ihm eine Geschlechtskrankheit an.

GEWALTFANTASIEN

Berkowitz verließ die Armee 1974, kehrte nach New York zurück und wurde Wachmann. Er entwickelte immer gewalttätigere Fantasien über Frauen, sein Geisteszustand verfiel rapide – was ihm zum Teil bewusst war. Im November 1975 schrieb er seinem Vater: „Die Welt wird dunkel. Ich fühle es immer stärker. Die Menschen beginnen mich zu hassen. Du würdest nicht glauben, wie sehr mich manche Leute hassen. Viele von ihnen wollen mich umbringen. Ich kenne diese Menschen gar nicht, und dennoch hassen sie mich. Die meisten sind jung. Auf der Straße spucken sie mich an und treten nach mir. Die Mädchen sagen, ich sei hässlich; sie sind am schlimmsten. Die Typen lachen nur. Wie auch immer, bald werden die Dinge sich zum Besseren wenden."

Die Zeilen lassen sowohl Hilferuf als auch Warnung erkennen. Berkowitz glaubte sich von Dämonen umringt, die ihn zum Töten drängten, und konnte sich kaum noch wehren. Schließlich gab er nach: Bewaffnet mit einem Messer rannte er zu Weihnachten auf die Straße und stach auf zwei junge Frauen ein. Beide überlebten.

Als die Dämonen wieder zu ihm sprachen, hatte er eine Feuerwaffe. Im Juli 1976 saßen Jody Valenti und Donna Lauria in einem Auto im New Yorker Stadtteil Queens, als wie aus dem Nichts ein Attentäter auftauchte und durch die Windschutzscheibe auf die beiden schoss. Lauria wurde getötet, Valenti überlebte.

Zuerst reagierte man kaum: Bloß eine weitere New Yorker Horrorstory. Drei Monate später schlug Berkowitz wieder zu. Auch Carl Denaro und Rosemary Keenan saßen in einem parkenden Wagen, als ein Schuss den Mann traf. Die beiden überlebten; die Kugel passte zu der, die Lauria getötet hatte.

Ein Monat darauf feuerte Berkowitz vor einem Haus in Queens auf Donna DeMasi und Joanna Lomino. Beide überlebten, DeMasi aber gelähmt, weil ihre Wirbelsäule getroffen worden war. Der Polizei und der Öffentlichkeit war mittlerweile klar geworden, dass ein Amokschütze frei herumlief.

„Mädchen nennen mich hässlich; sie sind am schlimmsten. Typen lachen nur. Bald werden sich die Dinge zum Besseren wenden."

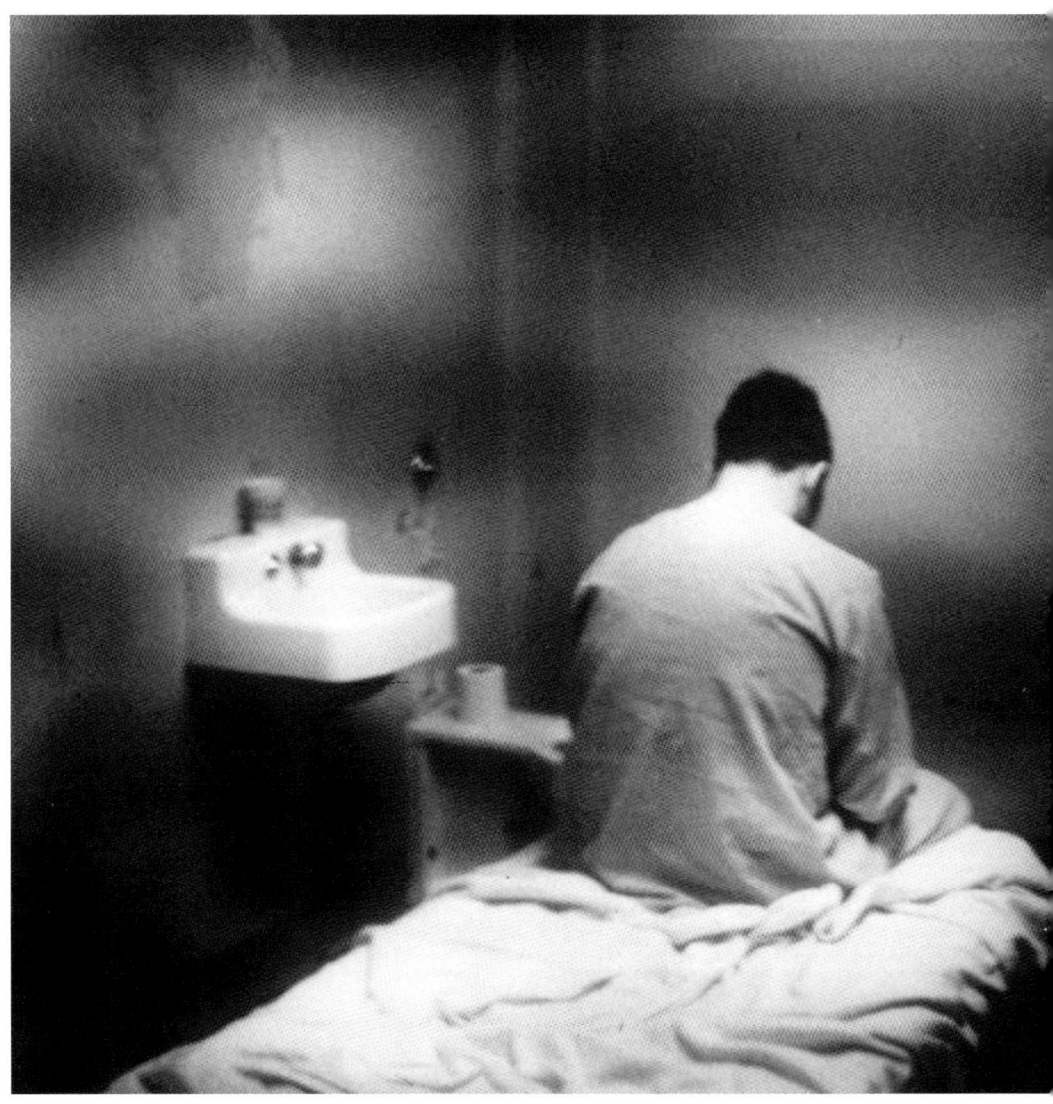

Im neuen Jahr tötete Berkowitz weiter. Im Januar 1977 erschoss er Christine Freund, die neben ihrem Freund John Diel im Auto saß. Im März starb Virginia Voskerichian auf dem Heimweg. Im April attackierte er wieder ein Paar: Dieses Mal starben sowohl Valentina Suriani als auch Alexander Esau auf der Stelle. Der Täter hatte eine Notiz für den Chefermittler hinterlassen:

„Lieber Cpt. Joseph Borrelli, es verletzt mich zutiefst, von ihnen Frauenhasser genannt zu werden. Das bin ich nicht; ich bin ein Monster. Ich bin der ‚Sohn des Sam‘. Ein kleines Balg. Wenn Vater Sam trinkt, wird er böse. Er schlägt seine Familie. Er fesselt mich an die Rückseite des Hauses oder sperrt mich in die Garage. Sam liebt es, Blut zu trinken. ‚Geh raus und töte‘, befielt Vater Sam.“

Berkowitz wurde zu 365 Jahren Haft verurteilt.

Die Nachricht sickerte bis Juni an die Presse durch; die Bevölkerung bekam Angst. Im selben Monat schlug Berkowitz wieder zu, doch Salvatore Lupo und Judy Placido überlebten glücklicherweise die Schüsse.

Polizei und Presse erhielten neue Briefe vom „Sohn des Sam". Trotz der erdrückenden Sommerhitze wagten sich die New Yorker, speziell jene aus Queens, nicht auf die Straße. Die Ermittlungen ertranken in einer Flut überwiegend nutzloser Informationen. Zu den Hinweisen, denen man nicht nachgehen konnte, gehörte der von Sam Carr aus Yonkers: Er hatte anonyme Briefe erhalten, in denen es um seinen Hund ging, der kurz darauf erschossen wurde. Carr nannte einen Verdächtigen: den Nachbarn David Berkowitz.

Die Polizei war nicht schnell genug, um den nächsten Anschlag zu verhindern. Im Juli fühlten sich Robert Violante und Stacy Moskowitz sicher genug, um ihr Auto einzuparken – sie waren in Brooklyn, nicht in Queens. Moskowitz starb, Violante verlor ihr Augenlicht.

Kurz danach erhielt die Polizei den Hinweis, dass ein Mann vom Tatort zu einem Auto geflüchtet war, auf dem ein Strafzettel zu sehen gewesen sei. Bei der Überprüfung der Strafmandate dieser Nacht fand sich unter anderem der Name David Berkowitz. Zusammen mit dem Tipp von Sam Carr war sich die Polizei sicher, den Mörder gefunden zu haben.

Sie nahm Berkowitz' Haus in Augenschein; auf dem Vordersitz seines Autos lag ein Gewehr. Nach der Verhaftung gestand Berkowitz sofort. Obwohl er offensichtlich unter paranoider Schizophrenie litt, wurde er für schuldfähig erklärt und zu 365 Jahren Haft verurteilt; eine Strafe, die er nach wie vor absitzt. Im Gefängnis konvertierte er zum Evangelikalismus. Seine Kirche unterhält eine Website, auf der Berkowitz seine meist religiösen Überlegungen veröffentlichen kann. 1999 brachte Spike Lee den Film *Summer of Sam* heraus, der an die Zeit erinnert, als ein einzelner Irrer eine ganze Stadt als Geisel hielt.

JOHN MUHAMMAD

Drei Wochen im Oktober 2002 verbreiteten der Ex-US-Army Sergeant John Allen Muhammad und der von ihm adoptierte jamaikanische Teenager John Malvo Angst und Schrecken in der Umgebung von Washington. Die von den Medien als „Beltway Sniper" titulierten Männer töteten mindestens 14 Personen und verletzten fünf weitere, ehe sie erwischt wurden. Muhammad war eindeutig der Anführer, aber seine Motivation bleibt ein Rätsel. Manche meinen, der zum Islam konvertierte Mann habe eine vorsätzliche Terrorattacke gegen Washington geführt. Seine Ex-Frau Mildred glaubt hingegen, es wäre ein ebenso wahnsinniger wie ausgefeilter Plan gewesen, um sie zu beseitigen und das Sorgerecht für ihre drei Kinder zu erhalten.

AUSGEBILDETER SCHÜTZE

John Muhammad wurde am 30. Dezember 1960 als John Allen Williams in Louisiana geboren. Seine Mutter starb, als er noch jung war, und sein Vater war abwesend, deshalb wuchs er bei seinem Großvater und seinem Onkel auf. Er wurde zu einem ausgezeichneten Football-Spieler; 1982 heiratete er seine High-School-Liebe Carol. 1985 ging er zu den Pionieren der US-Armee. Er wurde 1990 nach Deutschland versetzt, kämpfte im Jahr darauf im Golfkrieg und kehrte 1992 in die USA zurück. 1994 wurde er im Rang des Sergeants ehrenvoll entlassen. Unbestätigten Behauptungen zufolge hing seine Entlassung mit einer Granate zusammen,

die Williams auf seine eigenen Kameraden geworfen haben soll. Er erhielt während seiner Armeezeit keine spezielle Scharfschützenausbildung, wurde aber trotzdem zum Experten mit dem M16; eine Zivilversion dieses Gewehrs, das Bushmaster 223, sollte die Waffe werden, die er bei seiner Verhaftung trug.

ÜBERTRITT ZUM ISLAM

Nach der Armee ließ er sich mit seiner zweiten Frau, Mildred, und deren drei Kindern in Tacoma (Staat Washington) nieder. Er arbeitete als Automechaniker und eröffnete eine Kampfsportschule. Nach seinem Übertritt zur Nation of Islam änderte er seinen Namen auf Muhammad.

In dieser Zeit scheint Muhammad ein angesehenes Mitglied der Gemeinschaft gewesen zu sein. Dann begannen die Dinge aus dem Ruder zu laufen und er fand sich mitten in einem bitteren Sorgerechtsstreit mit Mildred wieder. Er floh mit den Kindern auf die Karibikinsel Antigua, versuchte, dort als Geschäftsmann Fuß zu fassen, endete aber damit, dass er Leuten zu falschen Papieren für die Einreise in die USA verhalf. Einer davon war der Teenager Lee Malvo; als es in Antigua nicht klappte, kehrte Muhammad mit ihm und seinen Kindern nach Washington zurück. Malvo erklärte er zu seinem Stiefsohn. Dann zog er weiter nach Bellingham an der kanadischen Grenze und versuchte dort, seine Kinder in der Schule anzumelden. Dabei wurde er jedoch von Detektiven aufgespürt, die die

Kinder zurück zu ihrer Mutter brachten; die Familie versteckte sich in Maryland. Muhammad und Malvo, der sich jetzt ebenfalls John nannte, blieben noch eine Weile in Bellingham. Sie lebten in einem Heim für Obdachlose, obwohl Muhammad offenbar genügend Geld für regelmäßige Inlandsflüge hatte. In diese Zeit fällt der erste Mord des Duos: Sie wollten einen Freund von Mildred in Tacoma töten, erwischten aber stattdessen versehentlich ihre Nichte.

Im Spätsommer 2001 flogen die beiden nach Louisiana, wo Muhammad Verwandte besuchte.

Er behauptete, es gehe ihm gut, er habe eine Familie und ein Unternehmen auf den Virgin Islands, aber seine ungeschnittenen und ungewaschenen Haare machten ihn völlig unglaubwürdig. Seine Verwandten machten sich Sorgen; mit gutem Grund. Nachdem sie Louisiana verlassen hatten, kaufte das Duo einen blauen 1990er Chevrolet Caprice. Man vermutet, dass die beiden auf ihrem Streifzug durch die Staaten eine ganze Reihe von bewaffneten Raubüberfällen verübten: drei in Maryland, je einen in Alabama und Louisiana. Ein Mord in Atlanta soll gleichfalls auf ihr Konto gehen.

"Sie wollten einen Freund von Mildred töten, erwischten aber ihre Nichte."

Tags darauf hielt die Polizei von Baltimore ein Auto an, das Schlangenlinien fuhr. Der Fahrer wurde als John Muhammad identifiziert; John Malvo saß daneben. Da jedoch gegen Muhammad nichts vorlag, durfte er weiterfahren: eine Tragödie, wie sich zeigen sollte. Im Lauf der nächsten zehn Tage tötete das Duo weitere dreimal.

Bis Ende September könnten nicht weniger als neun Morde von ihnen begangen worden sein. Zunächst schien das Töten Teil der Raubüberfälle zu sein, doch mehr und mehr entstand der Anschein, es geschehe aus reinem Selbstzweck.

Und dann: Am 2. Oktober 2002 wurde ein 55-jähriger Mann auf dem Parkplatz eines Ladens in Wheaton in Maryland erschossen. Tags darauf starben fünf weitere Menschen während alltäglicher Beschäftigungen: Einer mähte den Rasen, einer gab ein Paket auf, einer überquerte die Straße, zwei tankten gerade. Keiner von ihnen ahnte, dass der nächste Atemzug der letzte sein würde.

ZUFÄLLIGE OPFER

Schlagartig brach Panik aus: Ein Heckenschütze – die wenigsten vermuteten zwei – ging um, der in einem Augenblick entschied, wen er ermorden – und wen er am Leben lassen würde. Was könnte grauenerregender sein?

Als nächstes traf es eine Frau in Spotsylvania in Virginia. Sie überlebte; jetzt wurde deutlich, dass der Mörder um Washington kreiste und sich dabei stets nahe am Beltway hielt, der ringförmigen Umfahrungsstraße. Drei Tage geschah nichts, dann starb ein 13-Jähriger vor seiner Schule in Bowie in Maryland. Am Tatort blieb eine Tarotkarte zurück.

AUSNAHMEZUSTAND

Die ganze Region geriet in eine Art Ausnahmezustand; die Menschen wagten es nicht mehr, einkaufen zu gehen oder ihr Auto zu betanken.

Am Tag nach dem letzten Mord – ein Busfahrer in Aspen Hill am 22. Oktober – ging die Polizei einem telefonischen Hinweis nach und durchsuchte ein Haus in Tacoma, in dem Malvo und Muhammad früher gewohnt hatten. Die Nachbarn hatten sich darüber beschwert, dass Muhammad in seinem Garten regelmäßig Schießübungen durchführte. Die ganze Nation wurde auf den blauen Chevrolet Caprice angesetzt und es wurde ein Haftbefehl gegen Muhammad ausgestellt.

Schließlich, am 24. Oktober, erspähte ein Autofahrer das Fahrzeug an einer Raststelle. Die Polizei von Washington umstellte den Wagen und fand Muhammad und Malvo darin schlafend vor. Beide wurden verhaftet; das Auto war, wie sich zeigte, zum Heckenschützen-Versteck umgebaut worden. Auch die Tatwaffe war vorhanden: ein Bushmaster XM15-Gewehr, Kaliber .223.

Muhammad und Malvo wurden wegen Mordes schuldig gesprochen. Am 9. März wurde Muhammad zum Tode verurteilt, Malvo erhielt eine lebenslängliche Haftstrafe. Im November 2009 wurde er durch die Giftspritze hingerichtet.

ANATOLIJ ONOPRIJENKO

anatolij Onoprijenko war nach dem „Schlitzer von Rostow", Andrei Tschikatilo, der zweite berüchtigte Serienmörder, der nach dem Zusammenbruch des Kommunismus auf dem Gebiet der ehemaligen UdSSR auftauchte. Der brutale Mörder wies ein besonders krankhaftes Profil auf: Er brachte bevorzugt ganze Familien samt Kindern um. Deshalb wird er „Terminator" genannt.

Onoprijenko kam in der ukrainischen Stadt Lasky zur Welt. Seine Mutter starb, als er gerade vier Jahre alt war, und sein Vater steckte ihn in ein Waisenhaus, behielt aber den älteren Bruder bei sich. Hier dürfte die Wurzel von Onoprijenkos Zorn gegen die Menschheit und besonders Familien zu finden sein. Er vergab seinem Vater niemals und nahm blutrünstig Rache.

HANSDAMPF IN ALLEN GASSEN

Nach dem Waisenhaus arbeitete Onoprijenko als Förster und Seemann; seine mentalen Probleme waren den Gesundheitsbehörden bereits aufgefallen. Die erste Mordserie, mit der er in Verbindung gebracht wird, ereignete sich 1989. Onoprijenko verübte gemeinsam mit Sergei Rogozin eine Reihe von Einbrüchen. Als sie einmal von den Eigentümern überrascht wurden, brachte sie Onoprijenko auf der Stelle um. Gleich danach tötete er noch die Insassen eines parkenden Autos.

Onoprijenko und Rogozin gingen danach getrennte Wege. Was er in den nächsten sechs Jahren, in denen der Sowjet-Kommunismus endete und die Ukraine ein unabhängiger Staat wurde, machte, ist ein Rätsel. Man weiß, dass er in Mitteleuropa herumzog und aus Deutschland und Österreich ausgewiesen wurde. Ob er in dieser Zeit weitere Morde beging, ist ungeklärt.

DIE BLUTIGSTE ORGIE DER GESCHICHTE

Ende 1995 befand er sich, so viel ist sicher, wieder in der Ukraine, denn zu dieser Zeit begann er mit einer der blutigsten Mordorgien der Geschichte: Er tötete 43 Menschen in weniger als drei Monaten. Wie zuvor suchte er sich abgelegene Häuser am Rand von Städten und Dörfern aus, war aber dieses Mal an Beutezügen nicht interessiert. Es ging ihm ausschließlich ums Töten.

Für den Beginn wählte er den Heiligen Abend 1995 und die Familie Saitschenko. Er ermordete die Eltern und die beiden Kinder mit einer doppelläufigen Schrotflinte, schnappte sich ein paar Souvenirs und steckte dann das Haus in Brand. Sechs Tage später brach er in der Stadt Bratkowitschij, die eines seiner bevorzugten Jagdgebiete werden sollte, in ein Haus ein und tötete Mann, Frau und deren Zwillingsschwester. Bevor er die nächste Familie tötete, gönnte er sich etwas Abwechslung: Den 6. Januar verbrachte er mit dem Erschießen von Autofahrern; vier wurden es insgesamt. Er erklärte später: „Für mich war das wie jagen. Menschen jagen."

Am 17. Januar kehrte er nach Bratkowitschij zurück, brach in das Haus der Familie Pilat ein,

ermordete alle fünf Bewohner und überließ das Haus den Flammen. Als er ging, wurde er von zwei Personen gesehen; er erschoss alle beide.

Ende Januar zog er ostwärts nach Fastowa und ermordete eine vierköpfige Familie. Dann ging es wieder nach Westen, nach Olewsk, wo er am 19. Februar in das Haus der Familie Dubtschak eindrang. Vater und Sohn wurden erschossen, Mutter und Tochter mit einem Hammer erschlagen. Später berichtete er den Ermittlern, dass das Mädchen den

Tod seiner Eltern mit angesehen hatte und betete, als er auf sie losging. „Sekunden bevor ich ihr den Schädel einschlug befahl ich ihr, mir zu zeigen, wo sie das Geld versteckt haben", erzählte er. „Sie blickte mich voll Zorn und Trotz an und sagte: ‚Nein, mach ich nicht.' Diese Stärke war unglaublich. Aber ich habe nichts gefühlt."

Nur eine Woche später fuhr Onoprijenko nach Malina, wo er die vier Bodnartschuks tötete; er erschoss die Eltern und hackte auf die beiden

Töchter, sieben und acht Jahre alt, mit der Axt ein. Einmal mehr hatte ein Passant das Unglück, den Mörder beim Verlassen des Hauses zu beobachten. Er wurde der Todesliste hinzugefügt.

Drei Wochen später mordete er wieder: Am 22. März 1996 erreichte Onoprijenko das Dörfchen Busk nahe Bratkowitschij, wo er alle vier Mitglieder der Familie Novosad erschoss und anschließend ihr Haus anzündete. Jetzt wandte sich die verängstigte Bevölkerung an die Regierung um Hilfe; diese schickte eine ganze Einheit der Nationalgarde, die sogar über Raketenwerfer verfügte. 2000 Polizisten begannen mit der größten Menschenjagd der ukrainischen Geschichte.

WAFFENLAGER

Am Ende überführte ihn aber ein Verwandter. Onoprijenko wohnte bei einem Cousin, der ihn hinauswarf und die Polizei verständigte, als er ein Waffenlager in Onoprijenkos Zimmer entdeckte. Die Beamten verfolgten den Killer zum Haus seiner Freundin, wo sie ihn am 16. April 1996, dem Ostersonntag, verhafteten. Er hörte gerade Musik aus einem Kassettenrekorder, den er den Novosads gestohlen hatte. Eine Durchsuchung erbrachte Tatwaffen und eine Sammlung von Souvenirs von seinen Opfern.

In Gewahrsam verlangte Onoprijenko, einen „General" zu sprechen; dem gestand er dann sofort 52 Morde. Er behauptete, Stimmen hätten ihn zu den Verbrechen getrieben. Er sagte auch, er sei in Kiew wegen Schizophrenie behandelt worden. Beunruhigenderweise bestätigte das Innenministerium zunächst, dass Onoprijenko ambulant psychiatrisch behandelt werde und den Therapeuten

> **„Er behauptete, Stimmen hätten ihn zu den Verbrechen getrieben."**

seine Mordlust bekannt sei, weigerte sich aber später, dazu noch etwas zu sagen.

Onoprijenko wurde 1999 wegen 52-fachen Mordes zum Tode verurteilt. Die Vollstreckung wurde jedoch ausgesetzt, da die Ukraine heute ein Mitglied des Europarates ist, der die Exekution übereinstimmend ablehnt. Es wird weiter ermittelt: Hat Onoprijenko, ob in der Ukraine oder anderswo zwischen 1989 und 1995, noch weitere Morde begangen?

SEX-MÖRDER

es gibt Verbrechen, die glücklicherweise meist Einzelfälle bleiben – wie z. B. die Ermordung eines Familienmitglieds. Andere, wie Einbruch, werden zur Gewohnheit. Und dann gibt es solche, die den Täter verändern und zwanghaft werden. Vergewaltigung, besonders von Fremden, ist so ein Verbrechen; und auch Serienmord.

Es überrascht kaum, dass diese beiden Straftaten häufig in Verbindung stehen. Wer missbraucht, raubt einem Menschen den Willen; Mord treibt diesen Impuls zum logischen, grauenvollen Extrem. Manche Serienkiller fangen mit Vergewaltigung an und enden als Mörder. Für viele sind die beiden Akte aber eins; diese Mörder erlangen sexuelle Befriedigung erst durch das Töten ihrer Opfer.

Sexmörder haben unterschiedlichste Lebenshintergründe. Ihre sexuelle Störung überschreitet alle Klassengrenzen. Solche wie Pee Wee Gaskins sind in erdrückender Armut aufgewachsen, sie wurden vernachlässigt und missbraucht. In diesen Fällen scheint der Weg zum Serienmörder beinahe nachvollziehbar. Andere sind schwerer zu verstehen: Ted Bundys Familie kam ganz gut über die Runden und ermöglichte ihrem Sohn ein Jurastudium. Trotz dieses alltäglichen Hintergrunds wurde aus Bundy ein Mann, der sich an Vergewaltigung und Mord ergötzte und mindestens 30, vermutlich aber weit mehr junge Frauen auf immer brutalere Weise umbrachte.

Interessanterweise sind Sexmörder keinesfalls immer verkrüppelt oder missgestaltet. Killer wie Bundy und Paul Knowles waren junge, gut aussehende Männer, die bei Frauen bestens ankamen. Ihre Verunstaltung verbarg sich, wie es scheint, zur Gänze in ihrem Inneren.

TED BUNDY

Ted Bundy gehört zu den monströsesten aller Serienkiller. Nicht nur, weil der Sadist und Nekrophile gestand, mehr als 30 Frauen ermordet zu haben, und es in Wahrheit bis zu hundert gewesen sein könnten. Sondern auch weil er, eine Seltenheit unter Monstern, als ganz normaler Typ durchgehen konnte – der gut aussehende junge Anwalt aus der Nachbarschaft. Er war kein Slum-Schlächter, der in sicherer Entfernung von den besseren Leuten vorging, sondern verbrachte seine Zeit an ganz gewöhnlichen Orten: am Uni-Campus, in der Shopping-Mall, im Park.

SCHEINBARE NORMALITÄT

Das wohl Tödlichste an Bundys Vorgehensweise war, wie kaltblütig er seine scheinbare Normalität ausspielte. Seine Opfer – immer waren es junge Frauen mit langen, in der Mitte gescheitelten dunklen Haaren – gingen vielleicht gerade in ihr Studentinnenwohnheim oder in einen Park. Dort spricht sie ein sympathischer, junger Wuschelkopf an, der einen eingegipsten Arm hat. Er erklärt ihr, er brauche Hilfe, um etwas in sein Auto zu packen. Die nette junge Frau ist gerne bereit, dem netten jungen Mann unter die Arme zu greifen, und folgt ihm zu seinem Wagen. Dann verschwindet sie für immer oder wird tot im Wald gefunden, ihr Körper vaginal und anal vergewaltigt, ihr Kopf von einem stumpfen Gegenstand eingeschlagen.

Ted Bundy wurde im November 1946 in Vermont als Theodore Robert Cowell geboren. Allerdings genoss er nur wenige der für seine Generation typischen Privilegien. Seine Mutter, Louise Cowell, war von einem Soldaten schwanger geworden, der sich vor Teds Geburt aus dem Staub gemacht hatte.

Sie und ihr Baby lebten bei ihren strengen Eltern in Philadelphia, die den Skandal vertuschen wollten und behaupteten, Ted sei ihr eigenes Kind und seine Mutter in Wirklichkeit seine Schwester. Als Ted vier Jahre alt war, zog seine Mutter nach Tacoma in Washington und heiratete John Bundy; im Jahr darauf, 1951, erhielt Ted den Namen seines Stiefvaters.

Bundy war ein aufgewecktes Kind, das in der Schule mit guten Noten glänzte. Allerdings war der Umgang mit ihm nicht einfach. Als Junge wurde er oft gehänselt und später erwarb er sich, obwohl geselliger geworden, einen schlechten Ruf als Dieb und Lügner.

Nach der High-School besuchte er die Universität von Puget Sound in Washington. Um diese Zeit traf er eine junge, hübsche Frau namens Stephanie Brooks, die ihr langes, dunkles Haar in der Mitte gescheitelt trug. Stephanie kam aus einer wohlhabenden kalifornischen Familie; eine Weile gingen die beiden miteinander. Während aber Bundy von ihr besessen war, warf sie ihm mangelnden Ehrgeiz vor und trennte sich nach dem College von ihm. Bundy war am Boden zerstört.

MÖRDERISCHE WUT

Er verließ das College und blies Trübsal. Dann verwandelte er seine Enttäuschung in Erfolgsstreben; schrieb sich wieder am College ein, studierte Psychologie und wurde bei den Republikanern aktiv. Er arbeitete für eine Selbstmord-Hotline und erhielt eine Belobigung der Polizei, weil er einen Straßenräuber gefangen hatte. Die geschiedene Meg Anders wurde seine neue Freundin. Alles in allem gab er das Idealbild eines guten Bürgers ab.

Unter der Oberfläche baute sich indes eine mörderische Wut auf. Zunächst trat er auf einer Geschäftsreise 1973 wieder mit Stephanie Brooks in Kontakt. Sie zeigte sich beeindruckt von seinem neuen Auftreten und die beiden begannen, von Heirat zu sprechen. Meg Anders wusste nichts davon.

Im Februar 1974 brach Bundy plötzlich jeden Kontakt zu Brooks ab. Er ließ sie fallen, wie sie ihn hatte fallen lassen. Was sie aber nicht wusste war, dass er kurz davor seinen ersten Mord begangen hatte. Das Opfer, die junge Lynda Healy, hatte er

Bundys Ende: Seine Zahnabdrücke passten zu den Bissspuren auf seinen Opfern.

Ted Bundys Überreste werden nach der Exekution zum Büro des Leichenbeschauers gebracht.

aus ihrer Kellerwohnung entführt. Im Lauf der nächsten Monate sollten weitere fünf junge Frauen aus der Gegend verschwinden. Jede war zuletzt beim Spazierengehen gesehen worden, jede hatte langes, dunkles Haar mit Mittelscheitel gehabt.

Eindeutig ging ein Serienmörder um, aber die Polizei hatte weder Leichen gefunden noch Hinweise erhalten. Dann kam der 14. Juli. In Massen waren die Leute an diesem heißen Sommertag zum Sammammish-See gefahren, aber zwei von ihnen, die 23-jährige Janice Ott und die 19-jährige Denise Naslund, waren nie zurückgekehrt. Auf polizeiliche Nachfrage erklärten einige Zeugen, sie hätten Ott im Gespräch mit einem Mann gesehen, der einen Arm in der Schlinge getragen hatte und meinte, sein Name sei Ted. Eine weitere Zeugin fügte hinzu,

dieser Ted habe sie gebeten, ihr beim Anhängen eines Segelboots an seinen braunen VW-Käfer zu helfen. Sie sei ihm zu dem Auto gefolgt, als er aber sagte, das Boot stehe weiter die Straße rauf und sie müssten hinfahren, sei sie misstrauisch geworden und habe sich geweigert.

Die Polizei gab eine Beschreibung von „Ted" aus und erhielt etliche Anrufe. Einer davon kam – anonym – von Meg Anders, die ihren Freund Ted Bundy verdächtigte, der Gesuchte zu sein. Seine Vorliebe für gewalttätige Sexspiele und Bondage hatte sie zu beunruhigen begonnen. Die Polizei überprüfte Bundy, aber der junge republikanische Jurastudent wirkte zu harmlos, um verdächtig zu sein, und so wurde diese Spur aufgegeben.

In den folgenden drei Monaten entdeckte man Leichen. Die Überreste von Ott und Naslund wurden im Wald gefunden, zusammen mit einem weiteren weiblichen Skelett, das nicht identifiziert werden konnte. Zwei weitere Kadaver wurden im Monat darauf gefunden. Dann verlegte Bundy sein Operationsgebiet in andere Bundesstaaten.

Die nächsten drei Opfer wurden allesamt im Oktober in Utah entführt. Dabei machte Bundy seinen ersten Fehler. Am 8. November versuchte er, Carol DaRonch aus einem Einkaufszentrum in Salt Lake City zu verschleppen. Er gab sich als Polizist aus und lockte sie in seinen VW-Käfer, aber sie wurde misstrauisch und schaffte es, nach einem Handgemenge zu entkommen. Die 17-jährige Debbie Kent hatte noch in derselben Nacht weniger Glück: Bundy entführte und tötete sie.

VERHAFTET

Im neuen Jahr wechselte Bundy erneut sein Jagdgebiet. Im ersten Halbjahr 1975 ermordete er vier Frauen in Colorado. Kurz vor der Entdeckung der vierten Leiche wurde er jedoch endlich verhaftet. Ein Polizist hatte Bundy in Salt Lake City angehalten, einen Blick ins Auto geworfen und Handschellen und eine Strumpfmaske entdeckt. Bei einer Gegenüberstellung identifizierte Carol DaRonch Bundy als den Mann, der sie hatte entführen wollen. Ihre Aussage genügte, um ihn wegen versuchter Entführung einzusperren.

Weitere Beweise brachten Bundy mit den Leichen von Colorado in Verbindung; im Januar 1977 musste er sich in Aspen wegen des Mordes an Caryn Campbell verantworten. Das Spiel war aus: Wie gut und respektabel er auch aussehen mochte, der Sadist und Mörder unter der Oberfläche war nun überdeutlich hervorgetreten.

Das hätte das Ende der Geschichte sein müssen, aber Bundy war cleverer als man dachte: Es gelang

ihm, einen Gerichtstermin im Vorfeld des Prozesses zur Flucht zu nutzen. Acht Tage lang versteckte er sich in der Gegend von Aspen, bevor er wieder gefasst werden konnte. Doch, so unglaublich das klingen mag, er brach erneut aus. Er kletterte durch ein Loch in der Zwischendecke seiner Zelle zum Pförtnerraum, drang dort durch ein weiteres Loch ein und spazierte unbehelligt aus dem Gefängnis. Und dieses Mal blieb Bundy länger auf der Flucht – mit schrecklichen Folgen.

AUF FREIEM FUSS

Bundy nahm sich in Tallahassee in Florida ein Zimmer unter falschem Namen – nahe der Universität. Zwei Wochen nach seiner Flucht, am 15. Januar 1978, mordete er wieder, so offen und brutal wie nie zuvor. Er brach in ein Wohnheim ein, tat zwei jungen Frauen tödliche Gewalt an und ließ eine dritte schwer verletzt zurück.

Im nächsten Monat misslang ihm die Entführung einer Schülerin. Drei Tage später entführte und ermordete er die 12-jährige Kimberley Leach, sein letztes Opfer. Danach wurde er endlich wieder festgenommen und dieses Mal wegen Mordes verurteilt: Seine Zahnabdrücke passten zu den Bissspuren auf seinen Opfern.

Der Jurastudent Ted Bundy schöpfte gegen das im Juli 1979 verkündete Todesurteil alle Rechtsmittel aus und wurde zur Berühmtheit. Er gestand mehr als 30 Morde – und erhielt Heiratsanträge. Einer Frau, die als Zeugin der Verteidigung geladen war, gelang es tatsächlich, mit ihm die Ehegelübde auszutauschen. Das Gericht zeigte sich wenig beeindruckt: Am 24. Januar 1989 fand Ted Bundy auf dem elektrischen Stuhl den Tod.

PEE WEE GASKINS

158 cm Grausamkeit: Pee Wee Gaskins hat Anspruch auf den Titel „Produktivster Serienmörder der USA"; wenn man seiner eigenen Aussage, derzufolge er weit über 100 Menschen ermordet hat, glauben kann. Sicher ist, dass Gaskins eiskalt tötete – und zwar, sehr ungewöhnlich für Serienmörder, auf zwei ganz unterschiedliche Arten. Zum einen ging er aus reinen Geschäftsinteressen über Leichen; zum anderen war er ein Sexmörder, der es auf Männer und Frauen gleichermaßen abgesehen hatte. Der clevere und völlig skrupellose Gaskins wurde zu einem brutalen Mörder.

REGELMÄSSIG PRÜGEL

Gaskins wurde am 31. März 1933 in South Carolina geboren, mitten in der Wirtschaftskrise. Seine Mutter hieß Parrott; Pee Wee war das letzte einer Reihe unehelicher Kinder. Er wurde entweder nicht beachtet oder bezog von diversen „Stiefvätern" regelmäßig Prügel. Seine Kleinheit trug ihm den Spitznamen „Pee Wee" (etwa: Zipfelchen) ein. Seiner Mutter war er derart egal, dass er seinen echten Rufnamen – Donald – erst kennenlernte, als er als Halbstarker erstmals vor Gericht erschien.

Dem folgte eine kurze, kriminelle Laufbahn als Teil einer Gang aus Mit-Schulversagern. Sie vergewaltigten die Schwester von einem aus der Bande im Rudel und verübten ein paar Überfälle. Eine Zeugin, die eine Attacke mit einem Beil während eines besonders idiotischen Einbruchs überlebte,

zeigte alle an. Pee Wee wurde in eine Besserungsanstalt gesteckt.

Der klein gewachsene Junge wurde dort von seinen Mitbewohnern regelmäßig missbraucht. 1951 wurde er mit 18 Jahren entlassen und arbeitete kurze Zeit auf einer Tabakplantage, wurde aber bald wieder verhaftet: Brandstiftung und Tätlichkeit (er hatte eine Frau mit einem Hammer angegriffen) lautete die Anklage. Im Gefängnis wurde er wieder vergewaltigt. Dieses Mal schlug er jedoch zurück und schlitzte seinem Peiniger die Kehle auf. Das brachte ihm drei weitere Jahre Haft ein, doch von diesem Moment an war aus dem Opfer ein Täter geworden.

1955 brach er aus, wurde jedoch bald wieder geschnappt. 1961 kam er frei, saß aber wegen Unzucht mit Minderjährigen schon ein Jahr später wieder im Knast. Erst nach der Entlassung 1968 sollte er erstmals eine längere Zeit auf freiem Fuß verbringen – zum Unglück für die Welt. Der 35-Jährige war nun absolut todbringend.

Im September 1969 nahm er eine Anhalterin mit, folterte und tötete sie und warf ihre Leiche in einen Sumpf. „Alles woran ich denken konnte", schrieb er später in seinen Memoiren, „war,

Links: *Pee Wee Gaskins zeigt der Polizei die Orte seiner Verbrechen.*
Rechts: *Nicht einmal die Aussicht auf den elektrischen Stuhl konnte Gaskins vom Morden abhalten; er wurde 1991 hingerichtet.*

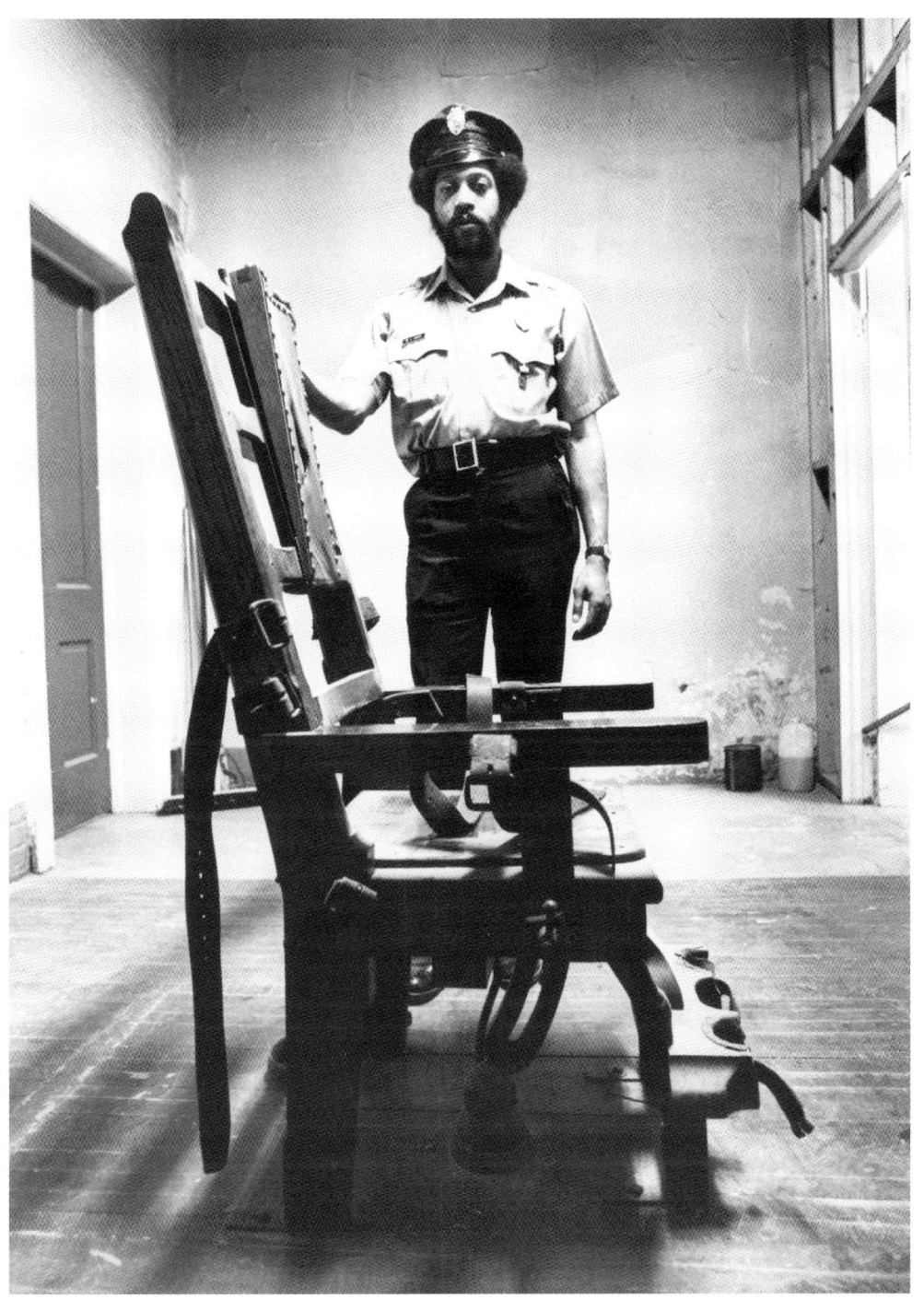

„Sie verge-waltigten die Schwester von einem aus der eigenen Bande im Rudel."

dass ich mit ihr machen konnte, was immer ich wollte." Sie sollte die erste von vielen Anhalterinnen werden, die er auf den abgelegenen Straßen zwischen Sumter und Charleston auflas und ermordete. Dazu fuhr er unfassbarerweise in einem purpurnen Leichenwagen herum, an dessen Rückspiegel ein Totenkopf baumelte. Auf die Frage, warum er so ein Auto habe, sagte er: „Weil ich so viele Menschen ermorde." Was, welch grausame Ironie, alle für einen Witz hielten. Seine Nähe zum Wahnsinn zeigte sich auch in anderen Details: Er lagerte Dynamit im Kühlschrank und hatte im Hinterhof fassweise Schwefelsäure gebunkert.

Zu hause Morden

Gaskins Mordlust brachte ihn bald näher an sein Zuhause. Im November 1970 vergewaltigte und ermordete er seine eigene 15 Jahre alte Nichte Janice Kirby und ihren Freund. Im Monat darauf soll ihm die 13-jährige Tochter eines Lokalpolitikers zum Opfer gefallen sein, wie er später bekannte.

1973 beging er ein Verbrechen von unaussprechlicher Grauenhaftigkeit: Er vergewaltigte und ermordete zwei Nachbarinnen. Doreen Dempsey war 23 Jahre und im achten Monat mit dem zweiten Kind schwanger; ihre ältere Tochter war ein Baby von einem Jahr.

Noch hielt niemand Pee Wee für einen Serien-Sexmörder, aber es war bekannt, dass er gegen Bezahlung tötete. Suzanne Kipper Owens beauftragte ihn im Februar 1975 damit, ihren Freund Silas Yates zu beseitigen. Danach wollten sie heiraten, aber die Umstände sprachen gegen sie: Um die Tat zu verheimlichen, brachte Gaskins vier weitere Menschen um, darunter Diane Bellamy Neely, die bei den Mordvorbereitungen geholfen hatte. Deren Bruder, Walter Neely, der an Gaskins Hauptgeschäft mit gestohlenen Autos beteiligt war, hatte anfangs dabei geholfen, die Morde zu vertuschen.

Der Autoklau führte Ende des Jahres zu Gaskins Verhaftung am Flughafen. Neely verlor die Nerven, beschuldigte Gaskins als Massenmörder und gestand seine eigene Beteiligung.

Ab diesem Moment versuchte Gaskin jeden Deal mit der Polizei, um der Todesstrafe zu entgehen. Im Mai 1976 wurde er für einen Mord verurteilt, 1978 erhielt er weitere neunmal lebenslang. Daraus wurde, als Gegenleistung für sein Geständnis, wieder einfach lebenslänglich.

Das hätte das Ende der Pee-Wee-Gaskins-Story gewesen sein sollen. Aber seine Mordlust war so übermächtig, dass er im Gefängnis den Auftrag übernahm, den Todeskandidaten Randolp Tyner zu beseitigen. Er schaffte es, aus Tyners Radio eine Bombe zu basteln, die ihn tatsächlich tötete. Damit waren seine Verhandlungsoptionen allerdings restlos erschöpft. Das Todesurteil wurde verhängt und 1991 vollstreckt: Gaskins wurde auf dem elektrischen Stuhl hingerichtet.

CARL PANZRAM

Carl Panzram war ein echter Misanthrop – er verabscheute seine Mitmenschen. In 39 Jahren durchlebte er eine missbrauchte Kindheit und ein erwachsenes Nomadendasein inner- und außerhalb eines höllischen Strafvollzugs. Dazwischen nahm er Rache: Er tötete mindestens 21 Menschen und beraubte und vergewaltigte noch weitaus mehr. Seine letzte Tat auf Erden war 1930, dem Henker ins Gesicht zu spucken und zu sagen: „Mach endlich hin, du Indiana-Bastard; ich könnte ein Dutzend Männer hängen, während du hier herumtrödelst."

Panzram wurde am 28. Juni 1891 auf einer Farm in Warren in Minnesota geboren, als eines von sieben Kindern einer extrem armen deutschen Einwandererfamilie. Als Carl sieben Jahre alt wurde,

Panzram erwies sich als zu renitent für Sing Sing und wurde von dort weggebracht. Im nächsten Knast ermordete er einen Mitgefangenen.

wandelte sich das verzweifelt harte Dasein zum noch Schlechteren: Der Vater ließ die Familie im Stich. Seine Mutter und seine Brüder arbeiteten von früh bis spät ums Überleben; Carls Brüder begannen, ihn gnadenlos zu verprügeln, einfach so. Mit elf Jahren gab er ihnen allen Grund dazu: Er brach ins Haus der Nachbarn ein und stahl dort alles, was er finden konnte, darunter auch eine Pistole. Als seine Brüder dahinterkamen, schlugen sie Carl bewusstlos.

BRUTALE BESSERUNGSANSTALTEN

Panzram wurde für den Einbruch verhaftet und 1903 auf die Minnesota State Training School geschickt. Prügel und Missbrauch durch den Lehrkörper gehörten zur Routine dieser Institution. Hier entwickelte Carl seine speziellen Neigungen: erzwungener schwuler Sex und Hass auf alle Autoritäten. 1905 brannte er die halbe Schule nieder. Er wurde aber nicht erwischt und konnte später in diesem Jahr sogar einen Begnadigungsausschuss von seiner Läuterung überzeugen. Das Gegenteil war der Fall: Der Charakter des entlassenen Carl Panzram war völlig deformiert.

Er kehrte für eine Weile nach Hause zurück, ging kurz zur Schule, verließ diese aber nach einem Streit mit einem Lehrer. Bis 14 arbeitete er auf der Farm der Mutter, dann sprang er auf einen Güterzug Richtung Westen und wurde zum Landstreicher. Er beging Verbrechen und wurde deren Opfer; er wurde in Besserungsanstalten gesteckt und brach

*Panzram schien die Strafe „Tod durch Erhängen"
regelrecht willkommen zu heißen: Wer sich für
eine Aussetzung des Urteils stark machte, wurde
von ihm verflucht.*

wieder aus. 1907, mit 16 Jahren, schloss er sich der Armee an, weigerte sich aber, sich der dortigen Disziplin unterzuordnen. Zuletzt wurde er erwischt, als er mit einem Bündel gestohlener Kleidung unterm Arm desertieren wollte. Er wurde unehrenhaft entlassen und in das gefürchtete Gefängnis von Leavenworth verfrachtet. Nach zwei Jahren Zwangsarbeit im Steinbruch war aus ihm ein sehr starker und gefährlicher Mann geworden. Nach der Entlassung setzte er seine „Karriere" fort. Landstreicherei, Diebstahl, Brandstiftung und Raub verhalfen ihm unter verschiedenen Namen zu etlichen Gefängnisaufenthalten. Sein Lieblingsverbrechen blieb aber ungestraft: homosexuelle Vergewaltigung. Einmal missbrauchte er sogar einen Polizisten, der ihn verhaften wollte. Er wurde immer brutaler und seine Haftzeiten immer länger.

1918 entkam er aus dem Oregon State Prison, wo er unter dem Namen Jefferson Baldwin einsaß. Er verließ den Nordosten, wo er allzu polizeibekannt geworden war, nannte sich John O'Leary und zog an die Ostküste. Dort wandelte er sich vom Räuber und Vergewaltiger zum kaltblütigen Killer.

KÖDER

Er beging eine Reihe von Einbrüchen und stahl genug Geld zusammen, um sich eine Jacht zu kaufen. Auf diese lockte er Seeleute, füllte sie mit Schnaps ab, verging sich an ihnen, tötete sie und entsorgte ihre Leichen im Ozean. Das trieb er, bis er sein Boot auf Grund laufen ließ und versenkte.

„Mach endlich hin, du Bastard; ich könnte ein Dutzend Männer hängen, während du hier rumtrödelst."

Panzram schätzte, zu diesem Zeitpunkt zehn Männer umgebracht zu haben. Wieder pleite, schlich er sich auf ein Schiff und gelangte als blinder Passagier nach Angola. Er verpflichtete sich bei einer Ölgesellschaft, die vor der Küste des Kongo förderte. Dort missbrauchte und ermordete er einen 12-Jährigen. Danach schloss er sich einer Krokodiljagd an, die damit endete, dass er die sechs einheimischen Führer erschlug, ihre Leichname missbrauchte und an die Krokodile verfütterte.

GEFASST

Panzram kehrte bald darauf in die Staaten zurück, da es Zeugen seiner Angriffe auf die Führer gegeben hatte. Sein nächstes Missbrauchs- und Mordopfer war der 11-jährige George McMahon aus Salem in Massachusetts. In den folgenden Monaten verübte er zwei weitere Morde und zahlreiche Raubüberfälle. Schließlich wurde er bei dem Versuch geschnappt, in eine Bahnstation einzubrechen. Er erhielt seine bis dahin härteste Strafe: Sie begann in Sing Sing, wo er sich aber derart unkontrolliert gebärdete, dass man ihn in die berüchtigte Strafanstalt von Dannemora verlegte, wo er von den Wärtern geprügelt und gefoltert wurde. Sie brachen ihm die Beine und ließen sie unbehandelt. Den Rest seines Lebens war er halb verkrüppelt und litt ständige Schmerzen.

Nach der Entlassung im Juli 1928 verübte Panzram sofort weitere Einbrüche und mindestens einen Mord, bevor er wieder gefasst wurde. Offensichtlich war er nun des Lebens müde. Er nannte bei der Verhaftung seinen richtigen Namen und gestand etliche Morde an jungen Burschen. Ermuntert von einem Wärter schrieb er einen Bericht seines Lebens und seiner Verbrechen – ein bemerkenswerter, unvoreingenommener Blick in das Innere eines Serienmörders.

Nach diesen Bekenntnissen wurde Panzram unter riesigem Medieninteresse für seinen jüngsten Mord angeklagt, für schuldig befunden und zu 25 Jahren im Bundesgefängnis Leavenworth in Kansas verurteilt.

Nach dem Urteil warnte er die Welt: Er würde den ersten Mann töten, dem er im Knast begegne. Und wirklich erschlug er seinen Aufseher in der Wäscherei, R. Warnke, mit einer Eisenstange.

Dafür wurde er zum Tod durch den Strang verurteilt. Er begrüßte die Entscheidung und verkündete, sein einziges Ziel sei jetzt der Tod. Die Versuche von Gegnern der Todesstrafe, das Urteil abzuwandeln, kommentierte er so: „Ich wünschte ihr hättet alle einen Hals, um den ich meine Hände legen könnte." Kurz danach, am 3. September 1930, wurde sein Todeswunsch erfüllt. Er starb verdientermaßen am Galgen.

PAUL KNOWLES

Journalisten treffen Serienmörder in der Regel erst, wenn sie sicher hinter Gittern versperrt sind. Der britischen Reporterin Sandy Fawkes erging es anders, als sie in einer Bar in Atlanta einem hübschen jungen Mann namens Paul Knowles begegnete und mit ihm zusammen einige Tage verbrachte.

Zehn Tage danach sah sie das Foto ihres Liebhabers in der Zeitung: Verhaftet für den letzten einer Reihe von mindestens 18 Morden.

Der aus Florida stammende Paul Knowles folgte nicht den üblichen Verhaltensmustern von Serienmördern. Er war ständig unterwegs und ermordete

PAUL KNOWLES

137

Eine Verfolgungsjagd der Polizei war das stimmige Ende der Karriere eines Mörders, der so viel umhergezogen war.

Seinen ersten bestätigten Mord beging er kurz nach seiner Verhaftung wegen einer Schlägerei in Jacksonville (Florida) am 26. Juli 1974. Er entkam dank seiner Dietrich-Künste und brach in das Haus der 65-jährigen Alice Curtis ein. Er stahl ihr Geld und ihr Auto und ließ sie gefesselt und geknebelt zurück. Nach einer Weile erstickte sie an dem Knebel; als Knowles von ihrem Tod erfuhr, beschloss er, das Auto loszuwerden. Dabei fühlte er sich von zwei Mädchen, eines sieben, eines elf Jahre alt, beobachtet und erkannt. Er entführte die beiden, erwürgte sie und warf ihre toten Körper in einen Sumpf.

UNTERWEGS

Als Nächstes zog es ihn südwärts nach Atlantic Beach in Florida, wo er in ein weiteres Haus einbrach und den Bewohner erwürgte. Von hier fuhr er wieder nach Norden und nahm eine Anhalterin mit, die er vergewaltigte und erwürgte, bevor er in Musell in Georgia einen Zwischenstopp für einen weiteren Einbruch in ein Haus einlegte. Hier erwürgte er Kathie Pierce vor den Augen ihres dreijährigen Sohns. Das Kind ließ er jedoch in Ruhe.

Die nächsten zwei Monate fuhr Knowles ziellos durch die Gegend, begleitet von Mord, Diebstahl und Vergewaltigung. Am 3. September 1974 beraubte und ermordete er den Geschäftsmann William

Alte und Junge, Männer und Frauen. Manchmal verging er sich an seinen Opfern beiderlei Geschlechts, manchmal nicht. Einige seiner Verbrechen waren finanziell motiviert, andere sexuell. Das einzige Bindeglied seiner Handlungen war das völlige Fehlen moralischer Skrupel.

Knowles, Jahrgang 1946, war bereits als Teenager ständig in Gesetzeskonflikten. Mit 19 Jahren bekam er seine erste Haftstrafe; viele weitere sollten folgen, meist wegen Einbruch und Autodiebstahl.

Bates in Lima in Ohio. Am 18. September tötete er zwei Zeltler in Ely in Nevada. Am 21. September fiel ihm eine hängen gebliebene, Hilfe suchende Autofahrerin in Texas auf. Er hielt an, um sie zu missbrauchen und zu ermorden. Zwei Tage später traf er in Alabama auf die Kosmetikerin Ann Dawson. Die beiden verbrachten sechs Tage als Liebespaar (Dawson zahlte die Rechnungen), bis Knowles sie am 29. September ermordete.

Drei weitere ziellose Wochen vergingen bevor Knowles auf sein nächstes Opfer traf. Doris Hovey wurde etwas nördlich von Woodford (Virginia) erschossen. Wieder im Süden, in Macon (Georgia), beging Carswell Carr am 6. November den Fehler, Knowles auf ein paar Drinks zu sich ins Haus einzuladen. Knowles erstach den Mann, erwürgte danach dessen 15-jährige Tochter Mandy und versuchte, sich an ihrer Leiche zu vergehen.

STRASSENSPERRE

Zwei Tage später erreichte Knowles Atlanta und traf auf Sandy Fawkes. Sein „schaurig schöner Anblick", wie sie es nannte, zog sie sofort an. Im Bett erwies sich Knowles jedoch als Niete; in mehreren Versuchen brachte er keine Erektion zustande. Als die beiden sich trennten, hatte Fawkes keine Ahnung, mit wie viel Glück sie noch am Leben war. Das änderte sich tags darauf, als Knowles eine ihrer Freundinnen, Susan Mackenzie, mit vorgehaltener Pistole zum Sex zwingen wollte. Die Frau konnte jedoch entkommen und die Polizei alarmieren.

Die Jagd begann und dauerte mehrere Tage. Als ihn der erste Polizist stellte, zog Knowles schneller, entführte den Beamten und stahl sein Auto. Mit Hilfe des Dienstwagens hielt er jemanden an, dessen

> **„Er erwürgte Kathie Pierce vor den Augen ihres dreijährigen Sohns. Das Kind ließ er in Ruhe."**

Fahrzeug er übernahm. Er hatte nun zwei Geiseln, den Polizisten und den anderen Autofahrer, wurde ihrer aber sehr bald überdrüssig. Er fesselte die Männer an einen Baum in Pulaski County in Georgia und schoss beiden in den Kopf.

Aber nun wurde es eng. Knowles geriet in eine Straßensperre und versuchte, zu Fuß zu fliehen, wurde jedoch von einem bewaffneten Zivilisten gefangen genommen.

Er lebte nicht mehr lange genug, um ein umfassendes Geständnis abzulegen. Am Tag nach der Verhaftung wurde er von mehreren Polizisten zu einem seiner Tatorte geführt. Unterwegs gelang es Knowles, seine Handschellen mit einer Büroklammer zu öffnen. Er versuchte, Sheriff Earl Lee die Pistole aus dem Halfter zu klauen, aber der mitfahrende FBI-Agent Ron Angel war schneller und erschoss ihn.

GRAUSAME
SCHLITZER

Unsere heutige Vorstellung vom Serienmörder wurzelt im Bild von Jack the Ripper, der vor über hundert Jahren sein Unwesen im viktorianischen London trieb. Er war ein Mörder, der ohne Vorwarnung mitten in der Nacht zuschlug. Seine Opfer waren Prostituierte, deren Körper er mit seinem Messer buchstäblich aufschlitzte. Seinen Namen bestimmte er selbst, indem er seine höhnischen Briefe an Zeitungen mit „Jack the Ripper" signierte. Es waren jedoch nicht nur seine Morde, die sich in die Vorstellung der entsetzten Bevölkerung einbrannten, sondern vor allem die gefühllose und fetischistische Art, wie er die Körper seiner Opfer aufriss und für die schrecklichen Souvenirs ausweidete, mit denen er die Tatorte schmückte oder die er mitnahm.

Diese Kombination von Brutalität und abnormalem sexuellem Fetischismus liegt der Psyche des Massenmörders zugrunde und diente als schreckliches Vorbild für andere kranke Gehirne. Als in den 70ern jemand in der nordenglischen Stadt Leeds begann, Prostituierte zu ermorden, bezeichnete die Presse ihn bald als den „Yorkshire Ripper" (Ripper=Schlitzer). Auch als eine Gruppe junger Satanisten in Chicago Prostituierte auflas, brutal verstümmelte und die Brüste abschnitt, war es unvermeidlich, dass sie als die „Chicago Ripper" bekannt wurden.

Der Unbekannte, der sich Jack the Ripper nannte, wählte einen passenden Namen, denn der Serienkiller zerfetzt nicht nur die Körper seiner Opfer, sondern auch unsere hehre Vorstellung vom Menschsein als etwas, das über dem rein Bestialischen steht.

DIE CHICAGO RIPPER

Dass ein einzelner Mörder eine Reihe junger Frauen entführt, vergewaltigt, foltert und tötet, ist schrecklich genug. Dass sich aber vier Männer verbünden, um solche Verbrechen zu begehen, scheint unfassbar. Genau dies taten jedoch Robin Gecht, Edward Spreitzer und die Brüder Andrew und Thomas Kokoraleis, die als die „Chicago-Schlitzer" bekannt wurden. Man wies ihnen sieben Morde nach, vermutet aber bis zu achtzehn weitere, die sie alle mit unvorstellbar sadistischer Brutalität und ohne jedes Motiv, außer dem Willen zu quälen, begingen.

Das erste Opfer der Gang war die 28-jährige Linda Sutton. Sie wurde am 23. Mai 1981 entführt; zehn Tage später fand man ihre Leiche in einem Feld in der Gegend des Villa Parks, unweit des Rip-Van-Winkle-Motels. Ihr Körper war verstümmelt, ihre linke Brust amputiert worden. Dies war offensichtlich das Werk eines sexuellen Sadisten, womit aber auch schon alles gesagt ist, was die Polizei zu diesem Zeitpunkt wusste.

Erst nach fast einem Jahr schlugen die Schlitzer wieder zu. Am 15. Mai 1982 entführten sie eine weitere junge Frau, Lorraine Borowski, als sie gerade das Immobilienbüro aufsperren wollte, in dem sie beschäftigt war. Diesmal sollte es fünf Monate dauern, bis man die Leiche auf einem Friedhof im Villa Park entdeckte.

Bis dahin hatten die Schlitzer einige Male gemordet. Am 29. Mai entführten sie Shui Mak aus dem Hanover Park, etwas nördlich des Villa Parks. Ihre Leiche blieb vier Monate unentdeckt. Zwei Wochen später wurde eine Prostituierte namens Angel York von einem Mann in einem Lieferwagen in Handschellen gelegt. Er schlitzte ihre Brust auf und warf sie, immer noch lebend, aus dem Wagen.

WEITERE ERMORDETE FRAUEN

Yorks Beschreibung des Mannes, der sie attackiert hatte, half den Ermittlern nicht weiter. Nach zwei Monaten schlugen die Schlitzer wieder zu. Am 28. August 1982 wurde die Leiche von Sandra Delaware, einer Prostituierten, am Ufer des Chicago gefunden. Sie war gewürgt und erstochen worden, ihre linke Brust abgeschnitten. Am 8. September fand man die 30-jährige Rose Davis mit fast genau

Ausdruckslose Gesichter hinter grauenvollen Verbrechen: Kein Wunder, dass die Chicago-Schlitzer schwer zu fassen waren.

„Kokoraleis behauptete, 15 Brüste in der Box gesehen zu haben."

den gleichen Verletzungen. Am 11. September verschwand Carole Pappas, die Frau eines Pitchers der Chicago Cubs, für immer.

Einen Monat später mordeten die Killer zum letzten Mal, bevor sie ihr Schicksal ereilte. Ihr Opfer, eine Prostituierte namens Beverley Washington, wurde am 6. Dezember neben Bahngeleisen gefunden. Neben anderen Verletzungen war ihre linke Brust abgeschnitten und ihre rechte stark verstümmelt worden. Erstaunlicherweise war sie dennoch am Leben und konnte ihren Angreifer und den Van, mit dem er sie entführt hatte, beschreiben.

Kult

Ihre Angaben führten die Polizei zu Robin Gecht, einem 28-jährigen Tischler, der (was für eine bizarre Koinzidenz) einst für den pädophilen Mörder John Wayne Gacy gearbeitet hatte. Als Teenager war dem Satanisten Gecht Belästigung seiner Schwester vorgeworfen worden. Zunächst musste er wegen Mangels an Beweisen wieder freigelassen werden, aber nach weiteren Ermittlungen entdeckte die Polizei, dass Gecht im Jahr zuvor zusammen mit drei Freunden benachbarte Zimmer in einem Motel gemietet hatte. Der Hotelmanager wusste von lauten Partys und so etwas wie Kulthandlungen zu berichten. Dies führte zur Vernehmung der Kokoraleis-Brüder und des geistig minderbemittelten Edward Spreitzer.

Kapelle des Satanismus

Beim Verhör gestand Thomas Kokoraleis, dass er und die anderen Frauen zu Gechts „Kapelle des Satanismus" brachten. Dort wurden sie vergewaltigt und gefoltert, ihre Brüste mit einer Drahtgarrotte amputiert. Dann aßen sie Teile der abgetrennten Brüste als eine Art Sakrament und Gecht masturbierte auf sie, bevor er sie in eine Schachtel legte. Kokoraleis behauptete, einmal 15 Brüste in der Box gesehen zu haben.

Die Polizei nahm die drei Männer fest und verhaftete Gecht erneut. In Gechts Apartment wurde die satanische Kapelle gefunden, die Box mit den abgetrennten Brüsten blieb jedoch unauffindbar. Sowohl die Kokoraleis-Brüder als auch Spreitzer gestanden, Gecht hielt an seiner Unschuldsbehauptung fest.

Nach einer Prozessserie wurde Andrew Kokoraleis wegen Mordes verurteilt und 1999 exekutiert. Sein Bruder, ebenfalls als Mörder überführt, erhielt als Gegenleistung für sein Geständnis lebenslänglich. Edward Spreitzers Todesstrafe wurde 2002 in lebenslänglich umgewandelt. Aus Mangel an überzeugenden Beweisen, die ihn mit den Verbrechen in Verbindung brachten, wurde Robin Gecht nur wegen Vergewaltigung und des versuchten Mordes an Beverley Washington verurteilt. Während seiner 120-jährigen Haftstrafe fährt er fort, seine Unschuld zu beteuern.

JACK THE RIPPER

Jack the Ripper ist der Archetyp des Serienkillers. Seine kurze, monströse Karriere verankerte das Bild des Serienmörders als dem furchtbarsten aller Verbrecher im öffentlichen Bewusstsein. Nach mehr als hundert Jahren sind seine Verbrechen noch immer ein virulenter Albtraum. Zum Teil liegt das an der Entsetzlichkeit der Taten, dem Ausweiden der Opfer und dem Entfernen von Organen. Zum Teil liegt es am Tatort: Whitechapel kennen wir alle als Geburtsstätte des Mordes. Der Ripper wurde aber vor allem schlicht deshalb zum Unsterblichen unter den Killermonstern, weil man ihn nie erwischt hat.

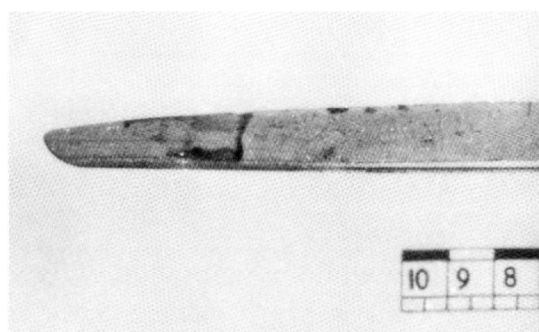

WER WAR ER?

Deshalb geben seine Verbrechen Anlass zu endlosen Spekulationen. Kaum ein Jahr, in dem kein neues Buch verspricht, den wahren Killer zu entlarven; die Krimiautorin Patricia Cornwell gab angeblich $ 8 Millionen aus, um den viktorianischen Maler Walter Sickert als den Ripper zu überführen; ein bestenfalls vager Verdacht.

Der uns als Jack the Ripper überlieferte Killer stellte sich der Welt am 31. August 1888 mit dem Mord an der Prostituierten Mary „Polly" Nichols vor. Als dritter Hurenmord im Londoner East End in diesem Jahr erregte das Verbrechen nicht allzu viel Aufmerksamkeit, obwohl es ungewöhnlich brutal war: Die Kehle und der Brustkorb der Frau waren aufgeschlitzt worden, die Genitalien wiesen Stichwunden auf. Dennoch deutete zu diesem Zeitpunkt nichts auf einen Serienmörder hin.

Doch nach etwa einer Woche schlug der Mörder erneut zu. Wieder war das Opfer eine Prostituierte: Annie Chapman, bekannt als die „Dunkle Annie".

Wie Nichols war ihr die Kehle aufgeschlitzt worden, aber dieses Mal hatte sie der Killer zusätzlich ausgenommen, ihre Eingeweide über ihre Schulter drapiert und ihre Vagina und Eierstöcke herausgeschnitten. Abgesehen von diesem albtraumhaften Anblick schockierte die Ermittler besonders die Präzision, mit der die Schnitte geführt worden waren; offenbar hatte der Mörder eine medizinische Ausbildung genossen und war mit dem Präparieren von Leichen vertraut.

ZWEIMAL IN EINER NACHT

Die grauenvolle Tat hatte für Aufruhr gesorgt, aber das war nichts verglichen mit der Panik, die nach der nächsten Gräueltat des Rippers am 30. September ausbrach. Dieses Mal hatte er zweimal in einer Nacht gemordet. Das erste Opfer war die „Lange Liz", Elizabeth Stride, eine Näherin und Gelegenheits-Prostituierte. Außer dem tödlichen Schnitt in der Kehle war sie unverletzt; man muss annehmen, dass der Killer gestört worden war und unbefriedigt blieb, denn noch vor dem Ende der Nacht starb die Prostituierte Catherine Eddowes – und dieser Mord war ripper-typisch bestialisch.

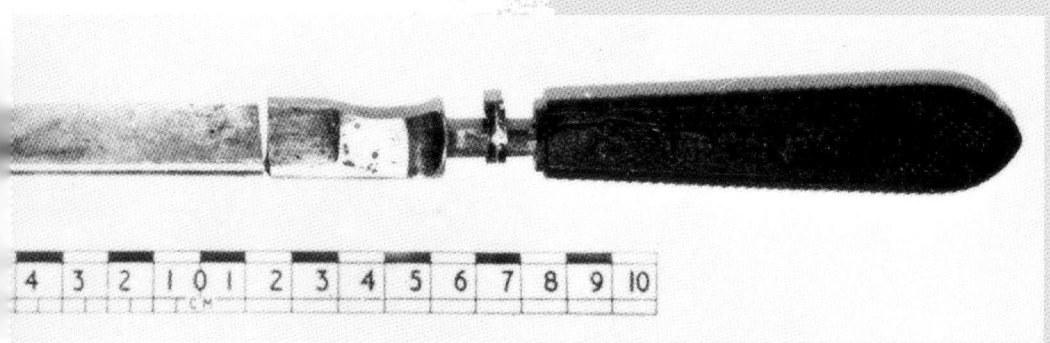

*Ein Messer von einem der Tatorte. Seine Form
brachte eine weitere Theorie auf: Der Mörder hatte
Verbindungen zum Fleischergewerbe.*

Dazu hatte jemand an die Wand geschrieben: „Die
Judn (!) sind nicht die, die wegen nichts beschuldigt
werden." Der Polizei war unklar, ob diese Botschaft
vom Killer stammte oder was sie bedeutete, daher
wurde sie entfernt, um jede anti-jüdische Hysterie
im Keim zu ersticken.

BRIEFE

Kurz vor dem Doppelmord war der Presse ein Brief
zugespielt worden, der angeblich vom Killer
stammte. Nach etlichen offensichtlichen Fälschun-
gen war man zunächst skeptisch, als jedoch unmittelbar nach den Verbrechen ein weiteres Schreiben
in derselben Handschrift eintraf, wurde die Polizei
informiert. Es war eine Sensation, denn es gab eine
Signatur, der Mörder hatte einen Namen: Jack the
Ripper.

Zwei Wochen später erhielt George Lusk, der
Anführer der Bürgerwehr von Whitechapel, einen
weiteren Brief. Der fehlerhafte Stil wies auf einen

> **„Der Killer
> hatte vielleicht
> eine
> medizinische
> Ausbildung und
> Erfahrung mit
> Obduktionen."**

GHASTLY
MURDER

IN THE EAST-END.

DREADFUL MUTILATION OF A WOMAN.

Capture : Leather Apron

Another murder of a character even more diabolical than that perpetrated in Buck's Row, on Friday week, was discovered in the same neighbourhood, on Saturday morning. At about six o'clock a woman was found lying in a back yard at the foot of a passage leading to a lodging house in a Old Brown's Lane, Spitalfields. The house is occupied by a Mrs. Richardson, who lets it out to lodgers, and the door which admits to this passage, at the foot of which lies the yard where the body was found, is always open for the convenience of lodgers. A lodger named Davis was going down to work at the time mentioned and found the woman lying on her back close to the flight of steps leading into the yard. Her throat was cut in a fearful manner. The woman's body had been completely ripped open and the heart and other organs laying about the place, and portions of the entrails round the victim's neck. An excited crowd gathered in front of Mrs. Richardson's house and also round the mortuary in old Montague Street, whither the body was quickly conveyed. As the body lies in the rough coffin in which it has been placed in the mortuary the same coffin in which the unfortunate Mrs. Nicholls was first placed—it presents a fearful sight. The body is that of a woman about 45 years of age. The height is exactly five feet. The complexion is fair, with wavy dark brown hair ; the eyes are blue, and two lower teeth have been knocked out. The nose is rather large and prominent.

anderen Urheber hin, der Inhalt war noch grauenvoller. Als Absender war schlicht „Aus der Hölle" angegeben. Der Umschlag enthielt ein Stück einer menschlichen Niere, die laut dem Brief von Eddowes stammte; tatsächlich war Eddowes eine Niere entfernt worden.

UNVORSTELLBARES MORDEN

Nach weiteren drei Wochen fiel wieder eine Prostituierte dem Ripper zum Opfer. Mary Kelly wurde im Unterschied zu den bisherigen Frauen aber in einem Raum in Miller's Court getötet. Ihr Körper war vollkommen zerstört: Sie war teils gehäutet und ausgeweidet und Stücke der schwangeren Frau grotesk arrangiert oder entfernt worden, darunter ihr Uterus und der Fötus. Das unvorstellbare Gemetzel hinterließ Whitechapel – und die Welt – in würgender Angst vor der nächsten Schreckenstat des Rippers.

Diese nächste Tötung fand jedoch nie statt. In Abständen von zwei Jahren wurden zwei Prostituierte mit Messern getötet, aber keine dieser Taten wies die Merkmale eines Ripper-Mordes auf. Der Killer war wie ein Geist aufgetaucht – und ebenso mysteriös wieder verschwunden.

Seither wird von Profis und Amateuren über die Identität des Täters (oder in einigen besonders weit her geholten Theorien der Täterin) spekuliert. Verdächtigt wurden bis heute u. a. der Enkel von Queen Victoria, Prince Eddy (er sei aus Rache an der Prostituierten, der er die Schuld an seiner Syphilis gab, zum Mörder geworden); Sir William Gull,

Eine Zeitung zeigt, in welchem Maß die Morde die damaligen Schlagzeilen beherrschten.

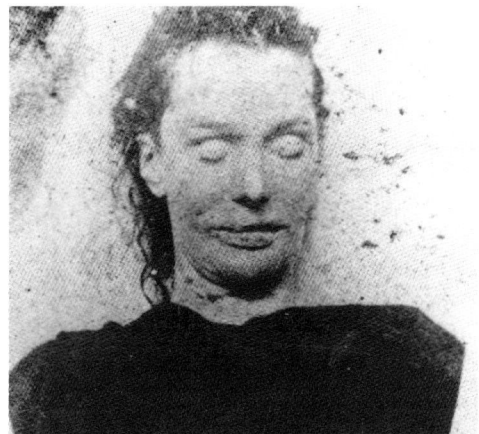

Elizabeth Stride, die „Lange Liz", gelangte als eines von zwei Mordopfern des Rippers in einer einzigen Nacht zu trauriger Berühmtheit.

der Chirurg der Königin (um die Tatsache zu verschleiern, dass Prinz Eddy ein illegitimes Kind mit einem Mädchen aus Whitechapel gezeugt habe – wofür es so gut wie gar keine Indizien gibt); und der Liverpooler Geschäftsmann James Maybrick, der das *Tagebuch des Rippers* verfasst haben soll (es wurde 1994 veröffentlicht und gilt allgemein als Fälschung).

In Wahrheit werden wir das Wer und Warum der Morde wohl nie erfahren. Für das plötzliche Ende des Terrors gibt es jedoch eine glaubhafte Erklärung. Sir Melville Macnaghten, der damalige Chefermittler, nahm an, dass „das Hirn des Täters nach dem Übermaß an Grauen in Miller's Court völlig erweichte und er sofort Selbstmord beging oder seine Verwandten ihn so hoffnungslos verrückt antrafen, dass sie ihn in eine Anstalt steckten."

ED GEIN

d Gein gehört bei Weitem nicht zu den produktivsten Serienmördern: Nur für zwei Morde war er unzweifelhaft verantwortlich. Dennoch belegt er in unserem kollektiven Bewusstsein einen besonders albtraumhaften Platz: Er lieferte die Inspirationen zu Hitchcocks Mörder in *Psycho*, zum *Texas Chainsaw Massacre* und zur Figur des Buffalo Bill in Thomas Harris *Das Schweigen der Lämmer*. Wie konnte dieser so harmlos wirkende kleine Mann solche Horrorvisionen auslösen?

„DEKORATIONEN"

Die einfache Antwort: Wegen der Dinge, die er bei sich aufbewahrte. Dinge wie (Suppen)-Schalen aus Menschenschädeln, einem Papierkorb aus Menschenhaut, einer Brustplatte aus dem enthäuteten Torso einer Frau und, vielleicht am verstörendsten von allen, einem Gürtel, der aus weiblichen Brustwarzen gefertigt war. Es sollte 30 Jahre (bis zur Razzia in Jeffrey Dahmers Apartment) dauern, bis Ermittler wieder ein solches Horrorkabinett betreten mussten.

Ed Gein wurde am 27. August 1906 in La Crosse (Wisconsin) als zweiter Sohn von Augusta und George Gein geboren. Wenig später übersiedelte die Familie auf einen abseits gelegenen Bauernhof bei Plainfield. Eds Vater war ein nutzloser Säufer, der als Gerber und Tischler arbeitete, seine Mutter eine extrem religiöse Frau, die die Familie dominierte und in La Crosse einen Gemischtwarenladen betrieb.

Augusta hämmerte ihren Söhnen die Sündhaftigkeit von Frauen und die Bösartigkeit von vorehelichem Sex (oder überhaupt jeder Art von Sex) in die Köpfe. Sie verweigerte ihren Kindern

Freundschaften – als ob es Nachbarskinder gegeben hätte. Ed Grein wuchs folgerichtig einsam und sexuell gestört auf, mit einer großen Vorliebe für eskapistische Lektüre. Auch als Erwachsener führte Ed ein isoliertes Leben neben seinen Eltern und seinem Bruder auf der Farm. Immerhin ereignete sich in diesem Umfeld weiter nichts. Erst als Familienmitglieder wegzusterben begannen, liefen die Dinge aus dem Ruder.

1940 starb George und seine Söhnen nahmen die seltsamsten Jobs an, um über die Runden zu kommen. Ed verdingte sich als Hilfsarbeiter und sogar als Babysitter: Die Städter fanden ihn sympathisch und vertrauenswürdig. Dann starb 1944 Greins älterer Bruder Henry unter, wie sich mit dem Vorteil der Rückschau sagen lässt, verdächtigen Umständen. Die beiden bekämpften ein Feuer in den Sümpfen und wurden getrennt; nachdem die Flammen erloschen waren, fand man den toten Henry. Seltsamerweise lag sein Körper an einer unverbrannten Stelle und wies Prellungen am Kopf auf. Als Todesursache wurde dennoch Rauchgasvergiftung festgehalten.

GRABRAUB

So blieben also nur noch Ed und seine verehrte Mutter Augusta. Doch etwas mehr als ein Jahr später war auch sie tot. Am 29. Dezember 1945 traf sie nach einem Streit mit einem Nachbarn der Schlag. Als erstes vernagelte Ed ihr Schlafzimmer und beließ den Raum exakt wie am Tag ihres Todes. Als zweites begann er mit Grabraub. Er war von der menschlichen Anatomie fasziniert, insbesondere von der ersten operativen Geschlechtsumwandlung an Christine Jorgensen, und dachte über einen

„Ganz besonders interessierte ihn
die erste operative Geschlechtsumwandlung."

solchen Eingriff an sich selbst nach. Dann fing er gemeinsam mit einem gestörten Nachbarn namens Gus an, Friedhöfe zu besuchen und Souvenirs zu stehlen: ganze Körper oder, häufiger, ausgewählte Körperteile. Er durchforstete die Nachrufe im Lokalblatt auf der Suche nach frisch bestatteten weiblichen Leichen.

ÄHNLICHKEITEN

In diesen Jahren stellte Gein nach und nach seine makabren Einrichtungsgegenstände her, bis ihm schließlich Grabraub nicht mehr genügte. Im Dezember 1954 verschwand die 51-jährige Mary Hogan aus ihrer Bar in Pine Grove (Wisconsin). Dort wurden Blutspuren am Boden und eine Patronenhülse gefunden. Gein wurde verdächtigt, echte Beweise fanden sich aber nicht und zu einer Hausdurchsuchung sah sich die Polizei nicht veranlasst.

Dies war der erste von nur zwei Morden, die mit Sicherheit von Gein verübt wurden. Der nächste ereignete sich drei Jahre später. Wieder war das Opfer eine Fünfzigerin, die Eds Mutter ähnlich sah. Sie hieß Bernice Worden und wurde am 16. November 1957 aus ihrem Haushaltswarengeschäft in Plainfield entführt. Wieder fand sich Blut am Boden; diesmal war sich die Polizei über den Täter aber ziemlich sicher. Der Sohn des Opfers berichtete, dass Ed Gein seine Mutter ausführen wollte, und ein weiterer Nachbar erinnerte sich, dass Ed am Tag

Geins Haus war ein Saustall des Grauens und stand in krassem Gegensatz zum unberührten Zimmer der verstorbenen Mutter.

ihres Verschwindens gesagt habe, er müsse in ihrem Laden Frostschutzmittel kaufen. Die Quittung dafür wurde gefunden und die Polizei beschloss, Ed Gein einen Besuch abzustatten.

Bernice Wordens Leiche hing an einem Dachbalken. Ihr Kopf war abgeschnitten, ihre Genitalien entfernt und ihr Torso aufgeschlitzt und ausgenommen worden. Der Schädel wurde bald darauf gefunden: Er diente als behelfsmäßiges Schmuckstück, ihr Herz lag in einer Pfanne auf dem Herd. Die Polizei fand auch eine Pistole, die zu der Patrone in Mary Hogans Bar passte.

Einmal in Haft gestand Gein sofort die Morde an Worden und Hogan sowie seine Grabräuberei. Ein Richter erklärte ihn für nicht schuldfähig und ließ

Der Filmklassiker Psycho *basiert auf einem Buch, das von der Geschichte Ed Geins inspiriert ist.*

ihn in eine geschlossene Anstalt einweisen. Sein Haus wurde in der Zwischenzeit abgerissen, um die Entstehung eines Kults zu verhindern.

Ed Geins Unsterblichkeit wurde auch so bald danach sichergestellt: Ein Schriftsteller aus der Gegend, Robert Bloch, ließ sich von dem Fall zu *Psycho* inspirieren, und Alfred Hitchcock machte einen Film daraus. 1968 wurde Gein erneut vor Gericht gestellt, aber wiederum für geisteskrank erklärt. Sein Leben endete in der Anstalt: Er starb am 26. Juli 1984 an Atemversagen.

DENNIS NILSEN

Dennis ‚Des‘ Nilsen zählt zu den verblüffendsten Exemplaren unter den Serienkillern. Als Kind zeigte er kaum typische Anzeichen für eine mörderische Karriere: Er quälte keine Tiere und spielte nicht mit dem Feuer. Er tötete nicht im sexuellen Wahn, sondern brachte seine Opfer im Schlaf um – damit sie ihn nicht verließen. Er „mordete für Gesellschaft". Das ändert nichts an der Tatsache, dass dieser sanftmütige Beamte für den gewaltsamen Tod von mindestens 15 Männern verantwortlich war.

MOTIVATION

Sein Fall fasziniert nicht nur, weil er in kein Schema passt, sondern auch weil Nilsen sich mehr als die meisten anderen Mörder mühte, seine eigene Motivation zu verstehen. Er unterstützte Brian Masters beim Schreiben seiner Biografie und verfasste eine Autobiografie sowie zahlreiche Briefe an die Presse und an Forscher.

Dennis Andrew Nilsen wurde am 23. November 1945 in der schottischen Hafenstadt Fraserburgh geboren: wie so viele Serienmörder ein Kind des Nachkriegs-Babybooms. Sein Vater war Olav, ein norwegischer Soldat, der vor den Nazis in seinem Land geflohen war, seine Mutter Betty stammte aus einer religiösen schottischen Familie. Olav war ein schwerer Trinker, der Betty von Anfang an im Stich ließ. So etwas wie ein Heim gab es nie: Betty und Dennis blieben bei Bettys Eltern, das Paar ließ sich 1949 scheiden.

Andrew Whyte, der Großvater, wurde zu Dennis' Vaterersatz. Sein Tod 1951 wurde für Dennis zum Trauma seines Lebens – besonders weil er zur Leiche geführt wurde, ohne zu wissen dass der Mann bereits gestorben war. Nilsen selbst sieht in dieser Konfrontation mit dem Tod ohne jede Vorbereitung das Ereignis, das den Grundstein zu seiner späteren Sexualstörung legte.

Nilsens Mutter heiratete 1953 erneut und bekam vier weitere Kinder. So hatte sie kaum noch Zeit für Dennis, der sehr vereinsamte. 1961, mit 16 Jahren, trat er der Armee bei, um es seinem abwesenden Vater gleichzutun. Er blieb bis 1972 beim Heer, wo er zeitweise als Fleischer arbeitete. Als Teenager hatte er keine sexuellen Erfahrungen gemacht; jetzt wurde immer deutlicher, dass er von Männern angezogen wurde. Im letzten Jahr bei der Armee verliebte er sich in einen Soldaten. Der war aber nicht schwul und erwiderte Nilsens Zuneigung nicht; immerhin ließ er sich auf Nilsens Wunsch dabei filmen, wie er sich tot stellte.

Das Ende ihrer Freundschaft war für Nilsen ein harter Schlag. Er verließ die Armee und wollte Polizist werden; während der Ausbildung interessierte ihn das Leichenschauhaus am meisten. Er gab diesen Weg aber auf und fand eine Beschäftigung in einem Arbeitsamt in Londons Soho, wo er Arbeitsuchende betreute.

MORD FÜR GESELLSCHAFT

Soho war damals der Nabel von Londons aufblühender Schwulenszene und Nilsen tauchte in eine neue Welt der Bars und Quickies ein. All der Sex genügte aber nicht als Gegengewicht gegen Nilsens schreckliches Gefühl der Einsamkeit. Von 1975 bis 1977 war alles leichter: Nilsen teilte ein Apartment mit David Gallichan. Die beiden schliefen zwar nicht miteinander, hatten aber so etwas wie ein Familienleben mit gemeinsamen

„Er wusch der Leiche die Haare und legte sie zurück ins Bett. So hatte er eine neue Art von Mitbewohner."

Haushaltspflichten, mit einem Hund und einer Katze. Dann kam es aber zwischen ihnen zu Unstimmigkeiten und 1977 forderte Nilsen Gallichan auf, die Wohnung zu verlassen.

Die Einsamkeit kehrte zurück und wurde unerträglich. Im Dezember 1978 las Nilsen in einer Bar einen jungen Iren auf. Später betrachtete er seine jüngste Eroberung im Schlaf und stellte sich vor, wie sie am nächsten Morgen das Apartment verlassen würde. Nilsen wusste: Er würde es nicht ertragen, schon wieder verlassen zu werden. Er würgte den jungen Mann mit einer Krawatte und ertränkte ihn schließlich in einem Eimer Wasser. Dann wusch er der Leiche die Haare und legte sie zurück ins Bett; plötzlich hatte er „eine neue Art von Mitbewohner".

Als ihm klar wurde, dass er sich des Kadavers würde entledigen müssen, besorgte sich Nilsen ein Elektromesser. Er brachte es aber nicht übers Herz, den Körper zu zerstückeln, und verbarg ihn stattdessen acht Monate lang unter den Dielen. Danach verbrannte er ihn in seinem Garten.

WIEDER BEREIT ZU TÖTEN

Zu dieser Zeit war sich Nilsen sicher, erwischt zu werden. Aber er wurde nicht überführt, und Ende 1979 war er wieder bereit zu töten. Sein Opfer, ein junger Chinese namens Andrew Ho, konnte jedoch fliehen und ging zur Polizei. Dort betrachtete man die Angelegenheit als bloße schwule Streiterei und unternahm nichts.

Nur Tage später fand Nilsen sein nächstes Opfer, den Kanadier Kenneth Ockendon. Er strangulierte den Mann mit einem Kabel und tranchierte die Leiche anschließend – als ehemaliger Armee-Fleischhauer – fachkundig. Dann spülte er einige Körperteile die Toilette hinunter und verbarg andere unter den Dielen.

Innerhalb der nächsten zwei Jahre wiederholte Dennis Nilsen dieses Tötungsmuster zehn Mal.

Seine jungen, männlichen Opfer waren oft Durchreisende oder Callboys; meist kannte er nicht einmal ihre Namen. Jeder wurde erwürgt und zerteilt, die Körperteile wurden im Abfluss entsorgt oder zu Trophäen.

Im Oktober 1981 beschloss Nilsen zu übersiedeln. Ein letzter, klar denkender Teil seines Gehirns brachte ihn dazu, sein Gartenhaus zu verlassen und in eine Dachwohnung zu ziehen: So würde es ihm weit schwerer fallen, die Leichen zu entsorgen, was ihn vom Töten abhalten sollte. Vor seinem Auszug entfachte er ein Feuer, in dem er die letzten Überreste seiner Opfer verbrannte.

Dennoch starben im folgenden Jahr drei weitere Männer. Dann rächte sich seine neue Unterkunft: Wie gewohnt hatte er Leichenteile über die Toilette entsorgt, doch dieses Mal verstopfte er damit den Abfluss. Ein anderer Mieter beauftragte einen Installateur damit, die Sache in Ordnung zu bringen. Nachdem die Leichenteile als Ursache feststanden und Nilsen als deren Urheber, wurde er sofort verhaftet.

In Gewahrsam verblüffte Nilsen die Polizei mit einem erschöpfenden Geständnis. Er wurde zu lebenslanger Haft verurteilt.

Nilsen in der Armee (1961); der Installateur, der den grausigen Fund im Abfluss machte; Nilsen als Polizist (1973).

PETER SUTCLIFFE

Niemand konnte glauben, dass der sanfte, übertrieben höfliche Peter Sutcliffe der „Yorkshire Ripper" war, verantwortlich für die brutalen Morde an mindestens 13 Frauen und die furchtbaren Verletzungen von sieben weiteren. Sowohl seine Frau Sonia, seine Eltern John und Kathleen und, für lange Zeit, auch die Polizei konnten sich dies nicht vorstellen. Immerhin hatte sie ihn nicht weniger als neunmal im Zusammenhang mit dem Fall verhört, bevor sie ihn verhaftete.

In Peter Sutcliffes Kindheit deutete wenig auf eine Karriere als Englands entsetzlichster Serienmörder seit Jack the Ripper hin. Er wurde am 2. Juni 1946 in Bingley in Yorkshire geboren. Das weichliche, an Sport und Jungen spielen nicht interessierte Kind stand der Mutter weit näher als dem Vater. Die elterliche Beziehung war nicht ungetrübt: Sein Vater verdächtigte seine Frau, eine Affäre zu haben. Das mag ein Urmisstrauen gegenüber Frauen in ihm verankert haben.

SCHÜCHTERN

Frauen gegenüber war Sutcliffe jedenfalls extrem schüchtern. Vor Sonia, einer Tochter tschechischer Einwanderer, hatte der 19-Jährige keine Freundin gehabt. Die beiden gingen miteinander und heirateten acht Jahre später. Peter übte diverse Jobs aus: Eine Weile arbeitete er als Totengräber. Er liebte es, Trophäen von den Leichen zu stehlen, und schockierte seine Kollegen mit nekrophilem Gerede. Mit Sutcliffes Vorstellungen war ganz offenbar bereits jetzt etwas ganz und gar nicht in Ordnung. Dafür sprach auch seine Begeisterung für ein Wachsmuseum, das sich auf die Ausstellung toter Körper spezialisiert hatte.

Peter und Sonia heirateten am 10. August 1974. Im Juni 1975 erwarb er die Berechtigung für Lkw-Fernfahrten. Dann erfuhr er, dass Sonia nach einer Fehlgeburt keine Kinder mehr bekommen konnte. Im Monat darauf griff er zum ersten Mal Frauen an. Er drosch Anna Rogulski mit einem Hammer auf den Kopf und schlitzte ihren Körper mit einem Messer auf. Anna überlebte, wie auch Sutcliffes zweites Opfer, Olive Smelt. Beide Frauen wurden schwerst verletzt und zutiefst traumatisiert.

MARKENZEICHEN

Sutcliffes nächstes Opfer hatte weniger Glück. Wilma McCann, eine Prostituierte aus Leeds, starb aufgrund der Markenzeichen des Mörders im Oktober 1975: ein Hammerschlag auf den Kopf und unzählige Messerwunden. Die Polizei konnte aber keine Verbindung zu den beiden Attacken zuvor erkennen; Morde an Prostituierten werden traditionell von Polizei und Öffentlichkeit mit niedrigster Priorität behandelt. Deshalb bestand die Reaktion auf die nächsten drei Morde Sutcliffes, allesamt an Prostituierten aus Leeds, in Empörung, nicht in Angst.

Das änderte sich am 16. Juni 1977 grundlegend. Dieses Mal war das Opfer die 16-jährige Schülerin Jayne MacDonald. In beispielloser Geschmacklosigkeit sprachen die Zeitungen vom ersten „unschuldigen" Opfer. Jedenfalls befand sich ganz Nordengland schlagartig in Alarmzustand: Plötzlich war jede Frau in Gefahr.

In den nächsten drei Jahren ermordete Sutcliffe acht Frauen und verletzte etliche weitere schwer. Manche waren Prostituierte gewesen, manche nicht. Die Tatorte verteilten sich über ganz Nordengland.

Mit steigendem Blutzoll wurde die Jagd auf den inzwischen zum „Yorkshire Ripper" avancierten Killer zu einer der intensivsten in der britischen Geschichte.

Man fand zahlreiche Hinweise. Der Schlitzer hatte Schuhgröße 38 oder 39; er fuhr ein bestimmtes Auto; er hatte Blutgruppe B; er hinterließ an einem Tatort einen neuen Geldschein, der zu

„Morde an Prostituierten werden traditionell mit sehr niedriger Priorität behandelt."

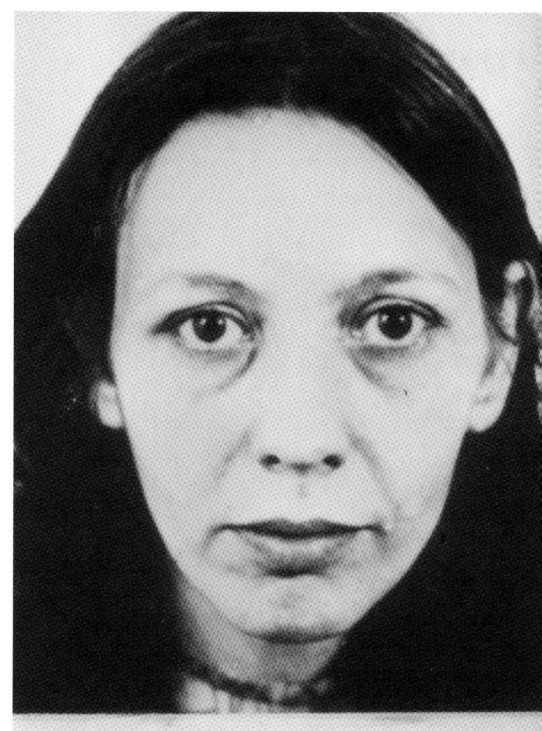

Einige von Sutcliffes Opfern. Oben, von links nach rechts: Vera Millward, Jayne MacDonald, Josephine Whittaker. Unten, von links nach rechts: Jean Royle, Helga Rytka und Barbara Leach.

seinem Arbeitgeber zurückverfolgt werden konnte. Alle Indizien deuteten auf Sutcliffe, der folgerichtig mehrfach vernommen wurde. Doch jedes Mal überzeugte er die Polizei mit seinen überaus freundlich vorgebrachten, glaubhaften Entschuldigungen und durfte wieder gehen. Die in Massen zirkulierenden Falschinformationen über den Ripper waren ebenfalls hinderlich: Eine dem Mörder zugeschriebene Tonbandaufnahme ließ einen nicht zu Sutcliffe passenden Akzent erkennen.

ENDLICH GEFASST

Schließlich wurde er doch gefasst. Am 2. Januar 1981 wurde er in Sheffield angehalten, als er mit einer Prostituierten im Auto saß. Der Polizist fand heraus, dass die Nummernschilder des Wagens gefälscht waren. Er nahm Sutcliffe fest, der jedoch zuvor seinen Hammer und sein Messer verstecken konnte.

In Haft kam Sutcliffes Vergangenheit als Verdächtiger im Ripper-Fall ans Licht. Der Beamte kehrte an den Tatort zurück und fand die Waffen, die Sutcliffe verborgen hatte. Der Mörder wusste, er hatte verloren – und begann zu gestehen. Eine fünfjährige Terrorherrschaft war zu Ende gegangen.

Sutcliffe wurde wegen 13-fachem Mord zu lebenslänglich verurteilt. Bald danach erklärten ihn Psychiater für geisteskrank. Er wurde in die Anstalt Broadmoor eingeliefert. Im Gefängnis war er mehrfach attackiert worden; bei einem Angriff 1997 verlor er ein Auge.

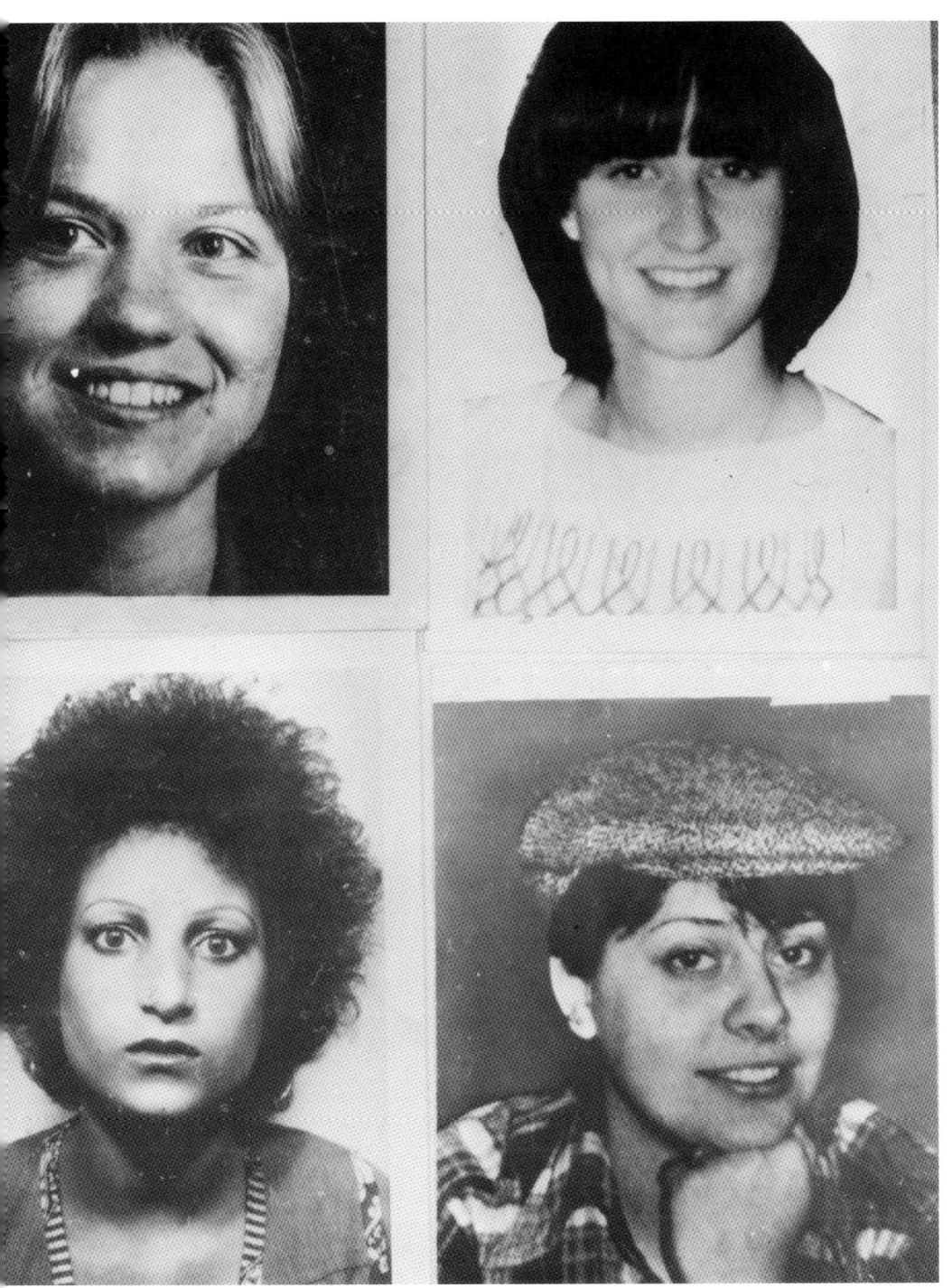

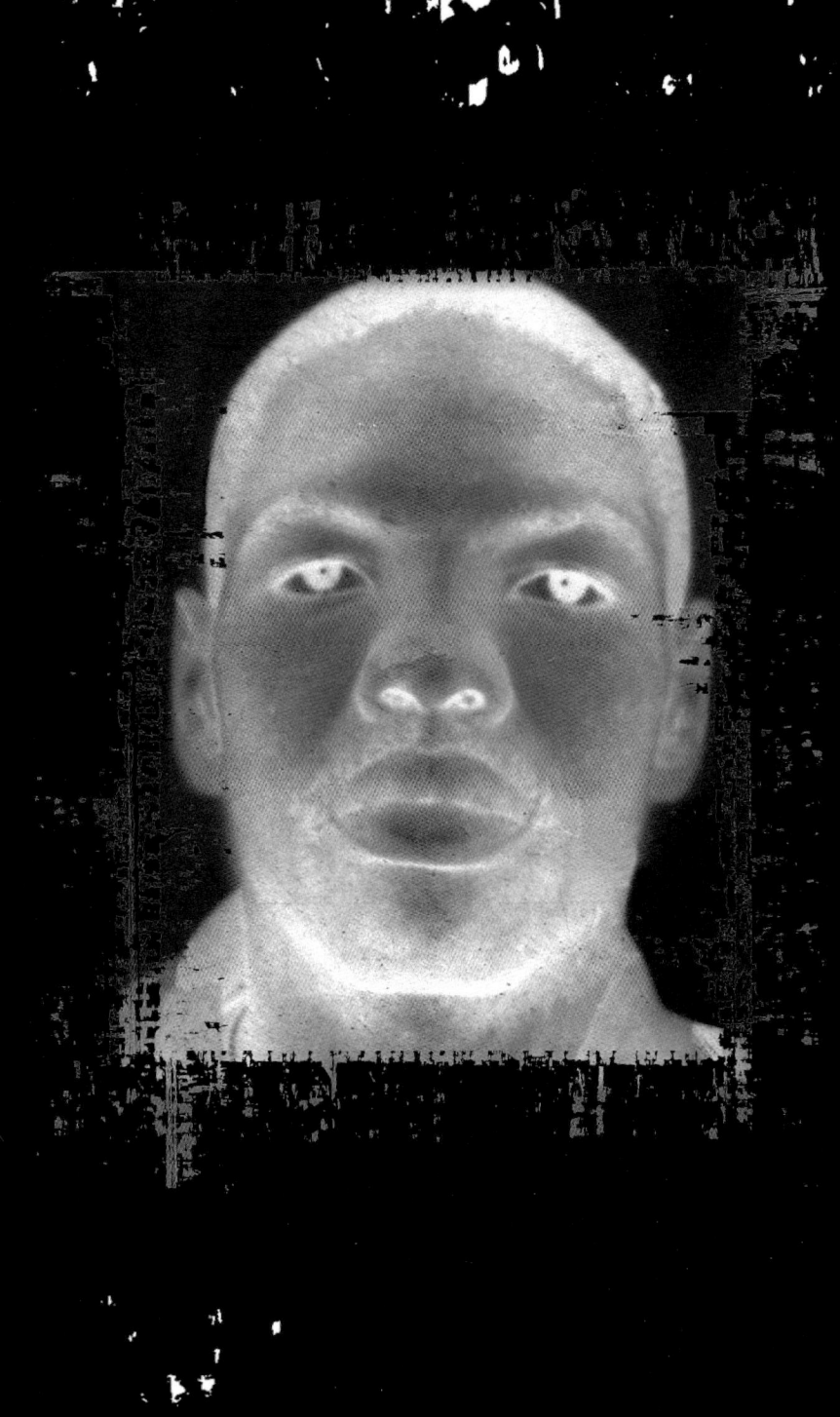

WÜRGER

OHNE GNADE

erwürgen ist die vielleicht häufigste und sicherlich die körperlichste Art des Tötens, die es dem Killer erlaubt, mit den eigenen Händen das Leben auszulöschen. Diese Intimität hat für sexuell motivierte Mörder einen gewissen Reiz, die ihre Opfer oft erwürgen, während sie sie vergewaltigen.

Serienmörder, die ihre Opfer erwürgen, vergewaltigen sie fast immer bevor oder nachdem sie sie töten. Mörder, die durch Geld oder generellen Menschenhass motiviert sind, verwenden eher Gewehre oder Messer – Methoden, die Distanz zwischen ihnen und ihrem Opfer schaffen. Im Gegensatz dazu schwelgt der Würger in den intimen Momenten des Tötens.

Das gilt jedenfalls für die hier angeführten Serienwürger. Der berühmteste ist Albert de Salvo, der „Boston Strangler". Er war ein Vergewaltiger, dessen Drang, Frauen sexuell zu dominieren, ihn schließlich dazu brachte, in den frühen 60er-Jahren elf Frauen zu erdrosseln. Zehn Jahre zuvor erwürgte der ebenfalls von Frauenhass getriebene Reginald Christie seine Frau und mehrere Prostituierte in London. Diese Mörder verwendeten ihre Hände, um ihre Opfer zu töten. Die „Hillside Stranglers" Kenneth Bianchi und Angelo Buono hingegen bevorzugten die Garrotte, eine etwas weniger intime Form der Erdrosselung (und Verstümmelung).

Natürlich kommt es bei vielen Morden zur Strangulation, weil das die schnellste Art ist, ein Opfer zu töten, vor allem, wenn keine andere Waffe zur Hand ist. Für eine kleine Gruppe von Mördern jedoch scheint sie ein wesentlicher Teil ihrer perversen Freude am Töten zu sein.

CARLTON GARY

Serienmörder sind üblicherweise von sexueller Perversion oder, fallweise, von Geld getrieben. Es überrascht vielleicht, dass sogar in einer gespaltenen Gesellschaft, wie in den Vereinigten Staaten, Rassenhass kaum ein Motiv für Serienmord ist. Tatsächlich behaupteten Profiler lange Zeit, dass Serienmörder nur innerhalb ihrer Rasse töten. Dies mag im Allgemeinen zutreffen, doch es gibt Ausnahmen. Eine davon ist Carlton Gary, der „Stocking Strangler" (auch „Chattahoochee Chocker"), ein Farbiger, der während einer neunmonatigen Schreckensherrschaft in seiner Heimatstadt Columbus, Georgia, sieben ältere, weiße Frauen ermordete. Es wird angenommen, dass er auch zwei weitere ältere Damen in Albany, New York, ermordete.

Carlton Gary wurde am 15. Dezember 1952 in Columbus, Georgia, geboren. Sein Vater war ein Bauarbeiter, der mit seinem Sohn nichts zu tun haben wollte und keine finanzielle Verantwortung für das Kind übernahm. Gary traf seinen Vater nur einmal, als er zwölf Jahre alt war.

HASS

Seine Mutter war extrem arm und führte ein Nomadenleben. Deshalb war Gary als Kind unterernährt und wurde oft seiner Tante oder Großtante überlassen. Beide waren Hausangestellte bei älteren, wohlhabenden, weißen Frauen. Es wird angenommen, dass Gary dadurch in den krankhaften Hass auf ältere, weiße Frauen getrieben wurde, der sich später manifestierte. In der Grundschule erlitt Gary ein schweres Schädeltrauma, als er bei einem Unfall auf dem Spielplatz bewusstlos geschlagen wurde. Kopfverletzungen spielen häufig eine Rolle im Hintergrund vieler Serienmörder.

Als Jugendlicher wurde Gary schwer drogenabhängig und wurde im Alter von 14 bis 18 Jahren mehrmals verhaftet wegen Delikten wie Raub, Brandstiftung und Körperverletzung. Er hatte auch eine Frau, Sheila, und zwei Kinder. 1970 zog er nach Albany, New York. Er schmiedete Pläne, eine Karriere als Sänger anzufangen, wofür er ein wenig Talent zeigte. In der Zwischenzeit setzte er seine kriminellen Aktivitäten fort.

DIE ÜBERGRIFFE

Im Mai desselben Jahres wurde eine ältere Dame namens Marion Brewer in ihrem Hotelzimmer in Albany ausgeraubt. Zwei Monate später wurde die 85-jährige Nellie Farmer in ihrer Wohnung beraubt und erwürgt. Nach einem weiteren Angriff auf eine ältere Frau wurde Gary verhaftet. Man entdeckte, dass seine Fingerabdrücke mit einem Abdruck am Ort des Farmer-Mordes übereinstimmten.

Gary gestand die Beteiligung an einem Raub, sagte aber aus, dass ein Komplize, John Lee Mitchell, für den Mord verantwortlich war. Die Polizei glaubte ihm und klagte Mitchell ohne Beweise gegen ihn an. Gary zog seine Aussage später zurück und Mitchell wurde auf Bewährung entlassen. Inzwischen wurde Gary wegen Raubes angeklagt und zu einem Semester in der Besserungsanstalt von Onondaga County bei Janesville, New York, verurteilt. Er wurde 1975 auf Bewährung entlassen und in einer Vergewaltigungsserie in Syracuse verdächtigt, bevor er wegen eines Bewährungsverstoßes wieder ins Gefängnis ging. Am 22. August 1977 brach er aus und machte sich auf den Heimweg.

Am 16. September wurde die 60-jährige Ferne Jackson im Bezirk Wynnton in Columbus in ihrem

Carlton Gary sitzt seine Zeit im Todestrakt ab.

Haus vergewaltigt und mit einem Nylonstrumpf erwürgt. Neun Tage später wurde die 71-jährige Jean Dimenstein auf ähnliche Art ermordet, ebenso die 89-jährige Florence Scheible am 21. Oktober und die 69-jährige Martha Thurmond am 23. Oktober. Fünf Tage später schlug der in der schockierten Öffentlichkeit als „Stocking Strangler" bekannte Mörder erneut zu, als er die 74-jährige Kathleen Woodruff vergewaltigte und tötete. Diesmal wurde kein Strumpf am Tatort zurückgelassen.

Der falsche Mann

Nach vier Monaten schlug der Strangler wieder zu. In der Nacht des 12. Februar 1978 überfiel er Ruth Schwob, doch sie konnte Alarm auslösen und ihr Angreifer floh. Nur zwei Häuserblöcke weiter brach er in ein anderes Haus ein, wo er die 78-jährige Mildred Borom vergewaltigte und strangulierte.

Die Polizei gab bekannt, dass sie einen Farbigen verdächtigte. Die ganze Sache wurde erschwert, weil jemand, der sich selbst „Vorsitzender der Mächte des Bösen" nannte, drohte, farbige Frauen zu töten, wenn der Strangler nicht gestoppt werde. Er stellte sich später als Farbiger heraus, der versuchte, drei eigene Morde zu vertuschen, indem er der weißen Bürgerwehr die Schuld gab. Er wurde am 4. April verhaftet. Die Polizei mutmaßte, dass er auch der „Stocking Strangler" sei. Die Hoffnung schwand bald, als der Mörder am 20. April sein letztes Opfer, die 61-jährige Janet Cofer, tötete.

Acht Monate später wurde Carlton Gary nach einem Raub in Gaffney, Georgia, verhaftet. Er gestand und wurde wegen bewaffneten Raubes zu 21 Jahren Haft verurteilt. 1983 brach er aus und blieb mehr als ein Jahr auf freiem Fuß, bevor er wieder gefasst wurde. Es gab neue Beweise, etwa ein Gewehr, das zu Gary zurückverfolgt werden konnte, und eine mögliche Fingerabdruckübereinstimmung. Das brachte die Polizei zu der Annahme, dass dieser bewaffnete Räuber auch der „Stocking Strangler" war.

Gary wurde endlich verhaftet und wegen dreier Morde angeklagt. Im August 1986 wurde er der Verbrechen schuldig gesprochen und zum Tode verurteilt. Bis heute gibt es beunruhigende Widersprüche in den Beweisen, die im Prozess gegen ihn vorgelegt wurden. Im Speziellen gibt es Andeutungen, dass Gary nicht die gleiche Blutgruppe wie der Strangler hätte.

KENNETH BIANCHI UND ANGELO BUONO

Es ist ein gängiger Irrtum, dass alle sexuell motivierten Serienmörder soziale Außenseiter sind – perverse Verlierer und unfähig, auf andere Weise Befriedigung zu finden. Die Wahrheit ist viel unheimlicher. Viele Serienmörder sind äußerlich akzeptable Männer, die keine Probleme haben, Frauen zu verführen. Typische Beispiele sind die beiden als „Hillside Stranglers" bekannten Männer. Kenneth Bianchi war ein gut aussehender Mann Mitte zwanzig, dessen Lebensgefährtin zu dem Zeitpunkt, als seine mörderischen Umtriebe begannen, schwanger war. Sein Kollege, Angelo Buono, war alles andere als gut aussehend, aber trotzdem bei Frauen enorm beliebt. Gemeinsam folterten, vergewaltigten und ermordeten sie 14 Opfer.

ADOPTIERT

Kenneth Bianchi wurde am 22. Mai 1951 in Rochester, New York, geboren. Seine Mutter, eine Prostituierte, gab ihn sofort zur Adoption frei. Drei Monate später wurde er von den Bianchis adoptiert. Als Kind neigte er zum Tagträumen, Fantasieren und Lügen. Trotz eines relativ hohen IQ blieb er in der Schule unter seinem Niveau. Seine Mutter wollte das ändern und schickte ihn auf eine katholische Privatschule, doch in dieser Zeit starb sein Vater. Mit 13 Jahren musste er die Schule verlassen, da nicht mehr genug Geld vorhanden war. Dennoch schien er seine moralische Lektion gelernt zu haben. In der Schule galt er als angepasst; der Gegenkultur der 60er-Jahre schloss er sich nicht an.

Sofort nach dem Schulabschluss war er kurz verheiratet, doch seine Frau verließ ihn nach nur acht Monaten. Durch diese Erfahrung wurde Bianchi verbittert. Er studierte kurz Psychologie am College, brach aber ab und begann, als Sicherheitsbediensteter zu arbeiten. Allerdings missbrauchte er seine Stelle dazu, Dinge aus den Häusern, die er bewachen sollte, zu stehlen.

1975, als sein Leben so dahintrieb, beschloss er, sich zu verändern. Er ging nach Los Angeles, wo ein älterer Cousin lebte. Dessen Name war Angelo Buono und er sollte einen maßgeblichen und schrecklichen Einfluss auf Kenneth Bianchi haben.

FAMILIENWERTE

Angelo Buono wurde am 5. Oktober 1934, 17 Jahre vor Bianchi, ebenfalls in Rochester, New York, geboren. Seine Eltern ließen sich scheiden, als er klein war, und seine Mutter Jenny zog mit ihm 1939 nach Kalifornien. Buono war von Anfang an ein Problemkind. Schon in jungen Jahren hatte er ein frühreifes Interesse an Sex. Als Teenager prahlte er bei seinen Klassenkameraden, Mädchen zu vergewaltigen und zu missbrauchen. Er stahl Autos und kam schließlich in Jugendhaft. 1955 heiratete er eine Highschool-Freundin, da sie schwanger geworden war, verließ sie aber kurz danach. Er heiratete bald wieder, Mary Castillo, und hatte fünf Kinder mit ihr. 1964 ließ sie sich wegen des andauernden sexuellen und körperlichen Missbrauchs scheiden. Im Jahr darauf heiratete er Nannette Campino, eine alleinerziehende Mutter zweier Kinder. Das Paar bekam noch zwei Kinder, bis sie sich 1971 von ihm

Kenneth Bianchi – endlich in Haft.

scheiden ließ, nachdem er nicht nur ihr, sondern auch ihrer Tochter Gewalt angetan hatte.

In dieser Zeit hatte sich Buono als Fahrzeugtapezierer selbstständig gemacht. Seltsamerweise schien er Frauen trotz seines unattraktiven Äußeren und seiner furchtbaren Geschichte als Gewalttäter magnetisch anzuziehen. Er färbte sich das Haar und trug auffälligen Schmuck; im Grunde sah er wie ein Zuhälter aus – und das war genau die Nebenbeschäftigung, die er sich zulegen wollte, als sein Cousin auftauchte.

Kenny und Angelo verstanden sich von Anfang

„Als Teenager prahlte er damit, Mädchen zu vergewaltigen und zu misshandeln."

Angelo Buono starb 2002 im Gefängnis.

„Es gab zu viele Morde in Los Angeles, als dass der Tod dreier Huren Aufmerksamkeit erregt hätte."

an gut. In Kenny brodelte bereits die Wut auf Frauen; Angelo zeigte ihm, wie er sie ausdrücken konnte. Er zeigte seinem Cousin, wie man sich als Polizist ausgibt, um Prostituierte zum Sex zu erpressen. Kenny war ein eifriger Schüler und schloss sich Angelos Zuhälterplänen gerne an. Das Paar traf zwei Ausreißerinnen, Sabra Hannan und Becky Spears, und stellte sie auf die Straße, bis es zuerst Becky und dann Sabra gelang, wegzulaufen.

Inzwischen arbeitete Kenny wieder als Wachmann und hatte eine neue Freundin, Kelli Boyd, die seit Kurzem schwanger war. Kenny war wegen des Verlusts seines Zusatzeinkommens als Zuhälter verärgert, denn er hatte Kelli mit dem Geld beeindrucken können. Zusammen mit Angelo wollte er neue Mädchen rekrutieren. Sie fanden eine Prostituierte, Deborah Noble, die ihnen ihre Hilfe anbot. Als sie jedoch versuchte, sie um Geld zu betrügen, beschlossen sie, ihr eine Lektion zu erteilen.

ERSTER MORD

Da sie Noble nicht finden konnten, beschlossen sie, ihren Zorn an deren Freundin Yolanda Washington auszulassen. Was immer sie auch geplant hatten, es endete damit, dass sie sie vergewaltigten, mit einer Garrotte erwürgten und ihre Leiche auf einen Friedhof warfen. Offenbar fegte dieses erste Verbrechen bei beiden sämtliche Hemmschwellen hinweg. Ihre nächsten Opfer in den folgenden 14 Tagen waren zwei weitere Prostituierte, Judy Miller und Lissa Kastin. Kastins Leiche wurde am 6. November gefunden, was aber wenig Interesse weckte: Es gab zu viele Morde in Los Angeles, als dass der Tod dreier Huren Aufmerksamkeit erregt hätte.

Das änderte sich noch im selben Monat, als rund um Thanksgiving fünf weitere Leichen in den Hügeln von Los Angeles gefunden wurden. Keine davon war eine Prostituierte: Alle kamen aus der Mittelschicht, eine davon war nur zwölf Jahre alt. Alle wurden entführt, vergewaltigt und mit der Garrotte erwürgt; manche wiesen Anzeichen von Folter auf. Nun herrschte auch in Los Angeles Alarmstufe Rot.

Zehn Tage später schlug das tödliche Duo wieder zu. Ihr Opfer war eine weitere Prostituierte, Kimberly Martin, die am 9. Dezember einen Kunden treffen wollte; ihre Leiche fand sich am Morgen danach in den Hügeln. Als nächstes wurde Cindy Hudspeth am 16. Februar gefunden; ihre vergewaltigte und strangulierte Leiche fand sich im Kofferraum ihres Autos, das über eine Klippe gestoßen worden war.

Die Polizei setzte ihre Ermittlungen fort, schien aber nicht voranzukommen. Los Angeles hielt den Atem an, aber nichts geschah. Monate vergingen und der „Hillside Strangler" schien sich zur Ruhe gesetzt zu haben. Vielleicht hatten Bianchi und Buono einfach Angst; vielleicht lag es daran, dass Bianchis Freundin Anfang 1978 ihr Baby zur Welt brachte und er mit häuslichen Angelegenheiten zu tun hatte. Was auch immer der Grund war, das Paar hörte auf zu töten – aber nur für eine Weile.

BEWEISE TAUCHEN AUF

Später in diesem Jahr zog Bianchi mit seiner neuen Familie nach Bellingham, Washington, und fand Arbeit als Sicherheitsbediensteter. Ein Jahr verging, bis ihn der mörderische Drang wieder packte. Er lockte zwei Frauen, Diane Wilder und Karen Mantic, in ein Haus, das er bewachen sollte, und vergewaltigte und ermordete beide. Diesmal jedoch wurde Bianchi rasch verdächtigt und verhaftet. Bald tauchten weitere Beweise auf, die ihn mit den Hillside-Morden in Verbindung brachten.

In den zwei Jahren, bevor der Fall verhandelt wurde, überredete Bianchi ein Serienmörder-Groupie namens Veronica Compton, einen Mord für ihn zu begehen, damit es so aussah, als ob der Strangler noch immer frei herumlief. Der Plan ging jedoch völlig schief und Compton wurde selbst verhaftet.

Schließlich kam der Fall vor Gericht. Sowohl Bianchi als auch Buono wurden für schuldig befunden und zu lebenslanger Haft verurteilt. Buono starb aus ungeklärten Gründen 2002 im Gefängnis. Bianchi sitzt seine Strafe noch immer ab.

REGINALD CHRISTIE

england mag den urtypischen Serienmörder Jack the Ripper hervorgebracht haben, doch als dieses viktorianische Monster verschwand, traten nur wenige Serienmörder in seine Fußstapfen. Vielleicht regte Reginald Christies elendes Leben und seine Verbrechen deshalb in den 50er-Jahren die Fantasie so stark an, dass davon sogar der Film „10 Rillington Place" inspiriert wurde, nach Ludovic Kennedys gleichnamigem Buch über den Fall.

Reginald Christie lebte 15 Jahre lang an der West-Londoner Adresse 10 Rillington Place, bis zu seinem plötzlichen Wegzug im März 1953 – der sich erklärte, als der neue Mieter drei Leichen in einem zugenagelten Schrank fand, eine unter den Bodenbrettern und zwei weitere im Garten. Die Nachbarn waren angeblich fassungslos. Christie, ein aufdringlicher und hochnäsiger Typ, war kein beliebter Mann, aber niemand hätte ihn für einen Massenmörder gehalten.

Zu Unrecht gehängt?

Das Haus war bereits berüchtigt. Nur drei Jahre zuvor war ein anderer Mieter namens Timothy Evans – der das Obergeschoß gemietet hatte, während Christie und seine Frau im Erdgeschoss wohnten – wegen des Mordes an seinem Kind verurteilt und verdächtigt worden, seine Frau getötet zu haben. Konnte das schäbige kleine Haus das Heim zweier Mörder sein? Oder wurde Timothy Evans etwa zu Unrecht gehängt und John Reginald Christie war tatsächlich der wahre Mörder?

Reginald Christie wurde am 8. April 1898 bei Halifax in Yorkshire geboren. Er hatte einen autoritären Vater und eine überfürsorgliche Mutter. Das war eine Kombination, die aus Reginald einen aufmerksamkeitssüchtigen Hypochonder machte; so blieb er sein ganzes Leben. Eine seiner prägenden Erfahrungen war mit acht Jahren der unerwartete Anblick der Leiche seines Großvaters (eine sehr ähnliche Erfahrung übte auch auf den Serienmörder Dennis Nilsen maßgeblichen Einfluss aus).

Einzelgänger

Christie kam schwer mit anderen Kindern aus und wurde so etwas wie ein Einzelgänger. Als Jugendlicher machte er eine verhängnisvolle sexuelle Erfahrung mit einem Mädchen, das ihn auslachte, als er keine Erektion bekommen konnte. Das war der Beginn seines lebenslangen Potenzproblems, wofür er schließlich eine ziemlich drastische Lösung fand.

1913 verließ Christie die Schule und nahm verschiedene Jobs an, bevor er sich 1916 während des Ersten Weltkriegs zur Armee meldete. Er diente als Funker und wurde 1918 an die Front geschickt, wo er durch einen Senfgasangriff verletzt wurde. Auf seine Kriegserfahrungen zeigte er nervöse Reaktionen, die darin bestanden, dass er einige Monate lang behauptete, er sei blind, und noch längere Zeit, unfähig zu sprechen. Dennoch traf er 1919 Ethel Simpson und heiratete sie im Jahr darauf.

Er fand eine Stelle als Postbote, wurde aber bald entlassen und kam wegen Briefdiebstahls für drei Monate ins Gefängnis. Kurz nach seiner Entlassung zog er nach London, weil er vor Ort keine Arbeit fand. Ethel blieb mit ihrer Familie in Sheffield; ihre Ehe war sexuell enttäuschend gewesen und sie wusste, dass Christie Prostituierte besucht hatte.

In den folgenden zehn Jahren verschwand Christie in die Londoner Unterwelt der Kleinkriminalität und Prostitution. Einige Zeit lebte er mit einer

"Ihre Ehe war sexuell enttäuschend und sie wusste, dass er Prostituierte besucht hatte."

Prostituierten zusammen. 1929 wurde er zu sechs Monaten Haft verurteilt, nachdem er sie mit einem Kricketschläger angegriffen hatte. 1933 erhielt er eine weitere Haftstrafe, da er einem Priester das Auto gestohlen hatte. Aus dem Gefängnis schrieb er der sehr einsamen Ethel. Sie stimmte zu, nach seiner Entlassung mit ihm in London zu leben.

Christie erfand sich selbst neu als nüchternen, ehrenwerten Bürger und wurde während des Krieges Sonderwachtmeister – hinter Ethels Rücken suchte er jedoch weiter Prostituierte auf. 1938 zog das Paar nach Rillington Place in Notting Hill.

Respektabler Bürger

Ohne dass jemand etwas ahnte, verübte der nun respektable Bürger die ersten zwei Morde noch in den Kriegsjahren. Sein erstes Opfer war die österreichische Einwanderin Ruth Fürst. Er erwürgte sie, während er sie vergewaltigte – ein Akt, der ihn besonders befriedigte und den er noch öfter praktizieren sollte. Das nächste Opfer war Muriel Eddy, die er auf der Arbeit kennenlernte. Durch Tricks brachte er sie dazu, Kohlenmonoxid zu inhalieren. Als sie das Bewusstsein verlor, vergewaltigte und erwürgte er sie. Beide Frauen begrub er im Hintergarten.

Das Kriegsende schien Christies Tötungswut für eine Weile zu stoppen. Der nächste Mord, mit dem er in Verbindung gebracht wird, geschah erst 1949. Diesmal war Beryl Evans das Opfer, die Frau des Mieters von oberhalb, Timothy Evans. Über ihren Tod gibt es widersprüchliche Darstellungen. Die wahrscheinlichste ist die, dass Christie vorgab, eine Abtreibung vornehmen zu können. Er versuchte, sie mit Gas zu betäuben, und als das misslang, schlug er sie bewusstlos und erwürgte sie; dann ermordete er auch ihre kleine Tochter Geraldine und schob dann vorsätzlich Timothy die Schuld zu.

Beim Prozess 1953 glaubten die Geschworenen dem scheinbar ehrbaren Christie mehr als dem ungebildeten Evans. Evans wurde schuldig gesprochen und gehängt; Christie konnte weiter morden.

Erst nach drei Jahren schlug er wieder zu. Im Dezember 1952 erzählte er den Nachbarn, seine Frau wäre zurück nach Yorkshire gegangen. Tatsächlich hatte er sie erwürgt und unter den Dielen versteckt.

In den folgenden sechs Wochen lockte er drei Prostituierte in sein Haus – Rita Nelson, Kathleen Maloney und Haroldina McLennan. Er vergaste,

Leichen, die im Garten von Rillington Place 10 gefunden wurden, werden hinausgebracht.

vergewaltigte und erwürgte sie und nagelte sie im Kasten ein. Als er kein Geld für die Miete übrig hatte, verließ er das Haus einfach und lebte auf der Straße. Inzwischen machte der neue Mieter am Rillington Place eine grausige Entdeckung. Bald war Christies Gesicht in allen nationalen Zeitungen als Englands meistgesuchter Verbrecher zu sehen.

Kurz darauf erkannte und verhaftete ihn ein Polizist. In der Haft gestand Christie seine Verbrechen,
aber niemals den Mord an der kleinen Geraldine.
Seine Verteidiger konnten nur auf Unzurechnungsfähigkeit plädieren. Die Geschworenen waren jedoch anderer Ansicht. Christie wurde daher schuldig gesprochen und am 15. Juli 1953 gehängt.

ALBERT DESALVO

Der Fall des „Boston Strangler" ist einer der mysteriösesten in den Annalen des Serienmordes. Sicher ist, dass zwischen Juni 1962 und Juli 1964 elf Frauen in der Umgebung von Boston ermordet wurden – alle vergewaltigt und erdrosselt. Die meisten Leute nahmen damals an, dass ein einzelner Mörder umging, und nannten ihn den „Boston Strangler". Andere, darunter viele polizeiliche Ermittler, waren der Ansicht, dass es zwei Mörder gab, da die ersten Opfer ältere Frauen zwischen 55 und 75 Jahren waren, während fünf von den letzten sechs Getöteten knapp unter oder über zwanzig

„DeSalvo wurde beschuldigt, ein neunjähriges Kind belästigt zu haben, aber die Angelegenheit wurde nie gerichtlich verfolgt."

Jahre alt waren. Diese letzteren Morde waren auch deutlich gewalttätiger als die anderen. Aus diesem Grund ziehen manche den Schluss, dass es einen ersten Mörder gab, der auf ältere Frauen fixiert war (vielleicht durch Hass auf seine Mutter angestiftet), gefolgt von einem Nachahmungstäter mit der gleichen Vorgehensweise, aber auf der Jagd nach jüngeren Frauen.

All diese Spekulationen wurden jedoch nichtig, als Anfang 1965 ein Mann namens Albert DeSalvo, der kurz zuvor wegen einer Reihe von Vergewaltigungen verhaftet worden war, alle elf Morde gestand und auch einige andere Morde, die davor nicht dem Strangler zugeschrieben worden waren.

KÖRPERLICH MISSHANDELT

Albert DeSalvo wurde am 3. September 1931 in Chelsea, Massachusetts, als eines von sechs Kindern von Frank und Charlotte DeSalvo geboren. Frank war ein gewalttätiger Mann, der seine Familie regelmäßig körperlich misshandelte und zweimal in Haft war, bevor sich Charlotte 1944 endlich von ihm scheiden ließ. Albert wurde ein Problemjugendlicher und mehrmals wegen Einbruchs, Körperverletzung und kleinerer Delikte verhaftet.

Mit 17 Jahren ging Albert 1948 zur Armee und wurde in Deutschland stationiert. Dort traf und

heiratete er die Deutsche Irmgard Beck, die mit ihm kam, als er nach Fort Dix, New Jersey, USA, zurückversetzt wurde. Dort wurde DeSalvo beschuldigt, ein 9-jähriges Mädchen belästigt zu haben, aber die Sache wurde fallen gelassen, als die Mutter Strafverfolgung ablehnte. Die Affäre führte jedoch 1956 zu seiner Entlassung aus der Armee.

SEXUELLES VERLANGEN

Albert und Irmgard zogen dann mit ihrer kleinen Tochter Judy zurück nach Massachusetts. In den nächsten Jahren hatte DeSalvo eine Reihe von Jobs und galt im Allgemeinen bei seinen Kollegen als sympathischer Mann. Doch es war nicht alles in Ordnung: Er wurde mehrmals wegen Diebstahls verhaftet und es gab starke Spannungen zwischen ihm und seiner Frau. Irmargd war nach der Geburt ihrer an einer Erbkrankheit leidenden Tochter sexuell völlig desinteressiert, da sie Angst hatte, ein weiteres behindertes Kind zu bekommen. Indessen forderte Albert fünf- bis sechsmal am Tag Sex.

Dieses manische Sexualverhalten brachte ihn bald in Schwierigkeiten. In den späten 50ern berichteten Frauen aus Massachusetts über den „Measuring Man", einen Mann, der vorgab, von einer Modelagentur zu sein, und Frauen dazu überreden wollte, dass er ihre Körpermaße abnehmen

Von Mary Sullivan, einem von Albert DeSalvos Opfern, entnommene DNA-Proben stimmten nicht mit seinen überein, was zur Nassar-Theorie führte.

vergewaltigte er Hunderte Frauen (300 nach Schätzung der Polizei, 2000 nach seinen eigenen übertriebenen Angaben), oft mehrere an einem Tag. Er war als der „Grüne Mann" bekannt, da er bei seinen Übergriffen oft grüne Arbeitskleidung trug. Diese Vergewaltigungen wurden im gleichen Zeitraum wie die Boston-Strangler-Morde begangen, aber die Polizei stellte damals noch keinen Zusammenhang her.

Am 3. November 1964 wurde DeSalvo unter dem Verdacht, der „Grüne Mann" zu sein, verhaftet, nachdem ein Zeuge der Polizei eine Beschreibung gegeben hatte, die an den „Measuring Man" erinnerte. DeSalvo gestand sofort und wurde zur psychiatrischen Beobachtung ins Bridgewater State Hospital geschickt. Dort gestand er erst einem Mitinsassen, George Nassar, und danach der Polizei, dass er auch der „Boston Strangler" war.

Die Polizei war erfreut, den Strangler auf dem Tablett serviert zu bekommen. Es blieben allerdings gewisse Probleme, vor allem weil niemand, der den „Boston Strangler" gesehen hatte, DeSalvo bei einer Gegenüberstellung identifizieren konnte, auch nicht das einzige überlebende Opfer. DeSalvo, vertreten durch den berüchtigten Anwalt F. Lee Bailey, ging am Ende einen Deal mit der Polizei ein: Er bekam lebenslänglich für die Vergewaltigungen, wurde aber offiziell nie der Strangler-Morde angeklagt.

Im November 1973 wurde De Salvo von einem Mitinsassen erstochen. Sein Tod setzte den Spekulationen allerdings kein Ende. Viele Leute glauben, dass DeSalvo die Morde nur als Teil eines Deals mit George Nassar gestand. Nassar sollte die Belohnung dafür einfordern, dass er den „Boston Strangler" gefunden hatte, und die Hälfte des Geldes

durfte. Als DeSalvo am 17. März 1960 wegen Diebstahls verhaftet wurde, überraschte er die Polizei mit dem Geständnis, der „Measuring Man" zu sein.

Da bei diesem Verbrechen keine Gewalt im Spiel war, erhielt DeSalvo das relativ milde Urteil von zwei Jahren. Nach elf Monaten wurde er wegen guter Führung entlassen. Weit davon entfernt, seine Lektion gelernt zu haben, schien ihn dieser Gefängnisaufenthalt in ein aggressives Raubtier verwandelt zu haben. In den nächsten zwei Jahren

DeSalvos Familie geben, damit sie während seiner Haft versorgt war. Heute jedoch besteht unter den Experten, die viel Zeit mit DeSalvo verbracht haben, Einigkeit darüber, dass der „Grüne Mann" tatsächlich auch der legendäre „Boston Strangler" gewesen ist.

Anwalt F. Lee Bailey, hier mit einem Foto von DeSalvo in Haft, wurde berühmt, weil er Fälle von großem öffentlichem Interesse, wie den des „Boston Stranglers", übernahm.

MOSES SITHOLE

oses Sithole ist der berüchtigtste Serienmörder, der Südafrika nach dem Ende der Apartheid terrorisiert hat. Er wurde in 38 Fällen von Vergewaltigung und anschließendem Mord, begangen zwischen Januar und Oktober 1995, verurteilt. Die Mordserie erhielt den Spitznamen „ABC-Morde", nach den Anfangsbuchstaben der drei Gemeinden, in denen die meisten Morde begangen wurden: Atteridgeville, Boksburg und Cleveland.

APARTHEID

Es war zweifellos das Aufwachsen im Apartheidsystem, das Sithole zum Mörder werden ließ. Die Apartheidgesetze erschwerten das familiäre Zusammenleben außerordentlich: Männer mussten herumziehen, um Arbeit zu finden, und Frauen und Kinder blieben in trostlosen Homelands in entlegenen Ecken des Landes zurück. Sithole kam in solchen Umständen Anfang der 6oer-Jahre außerhalb von Johannesburg zur Welt, aber seine Mutter gab den Kampf, ihn großzuziehen, bald auf und vertraute ihn mehreren Waisenhäusern an.

Südafrika unter der Apartheid bemühte sich kaum, das Leben der farbigen Bevölkerung zu dokumentieren. Daher gibt es nur wenige Anhaltspunkte über Sitholes Jugend. Seinen Angaben zufolge wurde er zu Unrecht wegen Vergewaltigung festgenommen und verbrachte sieben Jahre in Haft. Später gab er dieser Zeit im Gefängnis die Schuld, zum Mörder geworden zu sein. Er erklärte seine Verbrechen damit, dass all die ermordeten Frauen ihn an jene Frau erinnerten, die ihn Jahre zuvor zu Unrecht der Vergewaltigung beschuldigt hatte.

Die Fakten erzählen allerdings eine andere Geschichte. Den meisten Menschen erschien Moses Sithole als sanftmütige Person. Obwohl es unglaublich klingt, leitete er zur Zeit seiner Verbrechen die selbstgegründete Organisation Youth Against Human Abuse (Jugend gegen Missbrauch), die sich der Ausrottung von Kindesmissbrauch widmete. Er propagierte, anderen zu helfen, doch seine eigene Methode, mit den Narben seiner Kindheit fertigzuwerden, bestand darin, Unschuldigen das Leben zu nehmen. Er benutzte seine scheinbare Ehrenhaftigkeit dazu, Opfer anzulocken. Es waren junge Frauen, die er überredete, sich mit ihm zu Bewerbungsgesprächen für seine Organisation zu treffen. Er brachte sie jedoch in entlegene Gegenden, wo er sie schlug, vergewaltigte und ermordete. Meistens erdrosselte er sie mit ihrer Unterwäsche. Danach schrieb er oft das Wort „bitch" (Schlampe) auf die Leichen, bevor er sie entsorgte.

Die erste Mordserie ereignete sich in der Umgebung der Gemeinde Atteridgeville bei Pretoria, die im Lauf der Jahre außergewöhnlich häufig von Serienmördern heimgesucht worden ist.

METHODISCHER MÖRDER

Sithole war ein relativ gut organisierter Mörder und verlegte seinen Wirkungsbereich nach einiger Zeit nach Boksburg, südwestlich von Johannesburg, und schließlich noch weiter südlich nach Cleveland. Zu dieser Zeit zogen die Morde die nationale Aufmerksamkeit auf sich. Präsident Nelson Mandela fuhr persönlich nach Boksburg, um zur Hilfe aufzurufen. Das führte jedoch nicht zum erhofften Durchbruch – das tat erst die Arroganz des Mörders.

Im Oktober 1995 rief Sithole anonym bei der Kapstädter Zeitung *Star* an und erzählte ihnen, dass die Morde seine Rache für seine ungerechtfertigte

„Er benutzte seine scheinbare Ehrenhaftigkeit dazu, Opfer anzulocken."

Haft waren. Er behauptete, 76 Opfer getötet zu haben, doppelt so viele wie bekannt. Um zu beweisen, dass er der Mörder war, beschrieb er, wo er eine der Leichen zurückgelassen hatte.

Dieser Anruf lieferte der Polizei ausreichend Anhaltspunkte, um die Verdächtigen auf den Exhäftling und Jugendarbeiter Moses Sithole einzugrenzen, der aus seinem Job verschwunden war. Ein Hinweis führte sie zu Sitholes Versteck in Johannesburg. Bei seiner Entdeckung attackierte er die Polizisten mit einer Axt und verletzte einen davon. Im Gegenzug wurde er angeschossen, verhaftet und in ein Krankenhaus gebracht, wo man die Wunden behandelte und eine HIV-Infektion diagnostizierte.

Trotzdem gab es noch immer wenige Beweise, die ihn eindeutig mit den Morden in Verbindung brachten, doch in der Haft erwies er sich als chronischer Angeber. Er prahlte nicht nur bei den Mithäftlingen mit der Anzahl der Morde, die er begangen hatte; er war auch außerordentlich stolz darauf, dass er alle Opfer mit seinen bloßen Händen getötet und nur ihre Kleidung verwendet hatte, um sie zu erdrosseln. Diesen Umstand nutzte die Polizei und stattete einige seiner Mithäftlinge mit versteckten Kameras und Tonaufnahmegeräten aus, um Sitholes Prahlereien aufzunehmen. Diese Bänder lieferten der Staatsanwaltschaft zahlreiche Beweise, als der Fall schließlich vor Gericht kam.

Nach diversen Verzögerungen aufgrund von Sitholes Krankheit wurde er schließlich am 6. Dezember 1997 wegen 38 Morden, 40 Vergewaltigungen und sechs Einbrüchen zu 2410 Jahren Gefängnis verurteilt. Dies war eindeutig übertrieben für einen Mann, bei dem AIDS nun voll ausgebrochen war, aber der Richter, ein Verfechter der Todesstrafe, wollte ein Exempel statuieren. Im Sommer 2004 lebte Sithole immer noch im C-Max Gefängnis in Pretoria und besuchte angeblich einen Schreibkurs, damit er seine Lebensgeschichte in seinen eigenen Worten erzählen kann.

SLUM-
SCHLÄCHTER

Viele Serienkiller operieren am untersten Rand der Gesellschaft. Die Mörder können unterschiedliche Hintergründe haben, vom Landstreicher bis zur Mittelklasse, aber sehr häufig wählen sie ihre Opfer unter den Männern, Frauen und Kindern am sozialen Bodensatz aus. Die Gründe liegen auf der Hand: Ein Mord in der Oberschicht würde sofort eine riesige Menschenhatz provozieren. Stammen die Opfer hingegen vom Straßenstrich, lautet die traurige Wahrheit, dass wahrscheinlich ein halbes Dutzend sterben muss, bevor irgendjemand Notiz davon nimmt.

Der Serienmörder Robert C. Hansen las Prostituierte in den verkommensten Vierteln von Anchorage (Alaska) auf, flog mit ihnen in die Wildnis und tötete sie dort. Bis eine fliehen konnte und die Polizei verständigte, fiel das niemandem auf. Nach demselben Muster wütete Carroll Edward Cole jahrelang in den Untiefen der amerikanischen Gesellschaft. Er mordete und mordete, meist genauso sturzbetrunken wie seine Opfer. Juan Corona, einer der Serienkiller mit dem höchsten Blutzoll, fand sogar noch unsichtbarere Opfer: die Migranten-Arbeiter auf seiner Farm in Kalifornien. 25 wurden in seinem Garten vergraben, bis einem Nachbarn endlich ein seltsames Loch auf seinem Grund auffiel.

Die grauenvolle Wahrheit ist, dass zu jeder Zeit etliche Schlächter in den Slums dieser Welt die Leben von Menschen beenden, die häufig nie jemand vermissen wird. Nur in einer Gesellschaft, die jeden Menschen, egal ob arm oder reich, gleichermaßen wertschätzt, können wir darauf hoffen, diese Art von Serienmördern zu vernichten.

JUAN CORONA

ls Juan Corona im Januar 1973 wegen Mordes in 25 Fällen verurteilt wurde, fand er als „produktivster" Serienmörder der US-Historie Eingang in die Geschichtsbücher. Dieser grausige Rekord wurde seitdem überboten und Coronas Name wurde beinahe so obskur wie der Mann selbst, der an geistiger Umnachtung leidet.

ERFOLGREICHER IMMIGRANT

Juan Corona wurde 1934 in Mexiko geboren. Wie Tausende seiner Landsleute zog er in den 50ern nordwärts nach Kalifornien, um Arbeit zu finden. Verglichen mit den meisten anderen mexikanischen Immigranten war er dabei sehr erfolgreich. Er wurde sesshaft, heiratete, hatte vier Kinder und etablierte sich auf seiner eigenen Landwirtschaft in Yuba City, nahe Sacramento in Nordkalifornien. Er spezialisierte sich als Mittelsmann zwischen neuen Generationen legaler wie illegaler Einwanderer auf Arbeitssuche und deren potenziellen Arbeitgebern. Die Migranten standen frühmorgens Schlange und Corona fuhr in einem Lkw vor und bot Arbeit an.

Das harte, aber gefestigte Leben wurde nur 1970 kurz erschüttert, als es im Café von Coronas schwulem Bruder Natividad zu einem gewalttätigen Vorfall kam. Ein junger Mexikaner wurde mit einer Machete angegriffen und beschuldigte Natividad, der Angreifer gewesen zu sein; der floh daraufhin prompt zurück nach Mexiko und bald war die Geschichte vergessen.

Wenigstens bis zum 19. Mai 1971: An diesem Tag entdeckte ein japanisch-amerikanischer Farmersnachbar, der Arbeiter von Corona angeheuert hatte, etwas wie ein frisches Grab auf seinem Land. Misstrauisch geworden, verständigte er die Polizei.

Man fand eine Leiche, die als der Landstreicher Kenneth Whitacre identifiziert werden konnte. Dem Mann war in die Brust gestochen und sein Schädel mit einer Machete, oder ähnlichem, fast entzwei gespalten worden. Über dem Kadaver lagen Schwulenpornos verstreut, weshalb die Polizei ein sexuelles Motiv vermutete.

Vier Tage später entdeckten Arbeiter einer anderen Farm eine weitere Leiche, die des Herumtreibers Charles Fleming. Jetzt begann man ernsthaft zu suchen – und fand im Lauf der nächsten neun Tage 25 Tote, vorwiegend im Obstgarten von Corona. Alle waren durch Messer oder Machete nach immer demselben Muster gestorben: ein tiefer Stich in die Brust und zwei klaffende, überkreuzte Wunden am Hinterkopf. Alle waren mit dem von ihrem T-Shirt bedeckten Gesicht nach oben und den Armen über dem Kopf begraben worden. In einigen Fällen gab es Anzeichen für homosexuelle Aktivitäten.

WAHNSINNIGER BLUTZOLL

Die schiere Zahl der Opfer war erschütternd, noch weit mehr aber der Umstand, dass keine Leiche älter als sechs Wochen war. Wer auch immer diese Menschen getötet hatte, er hatte sich in einem unfassbaren Blutrausch befunden und mehr als einen Mord in zwei Tagen begangen. Keine einzige Vermisstenmeldung war eingegangen; vier Leichen konnten nie identifiziert werden, die anderen erwiesen sich als Einwanderer, Landstreicher und Bewohner von Elendsvierteln: Sie waren zielsicher vom Bodensatz der Gesellschaft ausgewählt worden. Der Mörder hatte ein Auge für die, die durchs soziale Netz gefallen waren.

Ein Verdächtiger war schnell gefunden: Juan Corona. Zum einen waren sämtliche Leichen auf oder nahe seinem Grund gefunden worden. Zum anderen hatten zwei Opfer Quittungen mit Coronas Namen in der Tasche gehabt.

Keine hieb- und stichfesten Beweise, aber zusammen mit dem unfassbaren Ausmaß der Verbrechen Grund genug für die Polizei, ernstlich vorzugehen. Juan Corona wurde verhaftet und angeklagt. Seine Verteidigung versuchte dem „gewalttätigen" Bruder Natividad die Schuld zuzuschieben, konnte aber nicht einmal beweisen, dass er zur Tatzeit im Land gewesen war. Coronas Anwälte verhielten sich jedoch inkompetent. Sie vergaßen die Schizophrenie zu erwähnen, die 1956 bei Juan diagnostiziert worden war, weshalb sie nicht auf Unzurechnungsfähigkeit plädieren konnten.

Auch so sorgte der Mangel an unwiderlegbaren Beweisen dafür, dass sich die Geschworenen erst nach einer 45-stündigen Beratung zu einem Schuldspruch durchrangen. Das Urteil lautete: 25-mal lebenslänglich (zu dieser Zeit gab es in Kalifornien die Todesstrafe nicht).

Juan Corona beteuerte weiterhin seine Unschuld und durfte 1978 wegen der Inkompetenz seiner ersten Anwälte in Revision gehen. Er wurde erneut für schuldig befunden. Im Gefängnis verlor er nach einer Attacke eines Mithäftlings ein Auge. Derzeit sitzt er gemeinsam mit Charles Manson im Corcoran State Prison ein; während Manson aber im Zentrum eines makabren Kults steht, wird Corona weitgehend ignoriert. Man sieht ihn im Hof allein vor sich hin murmeln. Er ist, wie seine Opfer, ein Vergessener.

ROBERT C. HANSEN

e s klingt wie ein Groschenroman: Ein Serienmörder, der seine Opfer entführt, in der Wildnis von Alaska aussetzt und dann Jagd auf sie macht. Robert Hansen ließ diesen Albtraum zwischen 1973 und 1983 für mindestens ein Dutzend Frauen aus dem schmierigen Viertel Tenderloin in Anchorage Wirklichkeit werden. Eine, die seinen Fängen entkam, beschrieb den kleinen, aknenarbigen Hansen als den Archetyp des Langweilers; sein Mordmotiv scheint nicht mehr als der Wunsch gewesen zu sein, es der Welt und speziell den Frauen heimzuzahlen.

VERBITTERUNG

Der Vater des am 13. Februar 1939 in Pocahontas (Idaho) geborenen Hansen war ein dänischer Immigrant, der seine eigene Bäckerei betrieb. Als unumstrittener Herr im Haus ließ er seinen Sohn rund um die Ohr mitarbeiten; das war für Roberts Sozialleben als Teenager ebensowenig hilfreich wie seine Akne und sein Stottern. Er durchlebte alles andere als eine glückliche amerikanische Jugend: Ständige Ablehnung ließ ihn verbittern.

Nach der Schule arbeitete Robert weiter für seinen Vater, schrieb sich aber auch für die Reserve der Armee ein. 1960 heiratete er ein Mädchen aus dem Ort. Die Ehe brachte ihn offenbar dazu, seine Verbitterung offen zu zeigen; wenig später brannte er Teile der Highschool nieder. Er wurde zu drei Jahren Haft verurteilt. Seine Frau reagierte auf diese ihr unbekannten Seiten ihres neuen Ehemanns, indem sie sich scheiden ließ.

NEUSTART

Kurz nach seiner Entlassung heiratete Hansen wieder und verbrachte die folgenden Jahre damit, in den USA herumzuziehen. 1967 entschloss sich das Paar zu einem Neustart in Amerikas letztem Außenposten: Alaska. Sie siedelten sich in der größten Stadt an, Anchorage, und erstmals schien Hansen einen Platz gefunden zu haben, an den er passte. Bei der Armee war er zum ausgezeichneten Scharfschützen geworden; damit erwarb er sich jetzt den Ruf eines hervorragenden Jägers.

Doch das Erschießen wilder Tiere genügte nicht, um Hansens Rachedurst zu löschen. Im Jahr nach seinem letzten Rekord im Töten von Tieren wurde er verhaftet: Er hatte eine Prostituierte wirklich und eine Hausfrau versuchsweise vergewaltigt. Weil es aber „nur" eine Prostituierte gewesen war, kam er mit sechs Monaten Haft davon.

Laut seinem eigenen Geständnis entwickelte er von 1973 an seine mörderische Routine: Er las Prostituierte und Stripperinnen im Rotlichtviertel von Anchorage auf, flog sie in die Wildnis und vergewaltigte sie. Wenn sie sich seinen Gelüsten ergaben, ließ er sie am Leben und brachte sie zurück in die Stadt – nicht ohne ihnen Stillschweigen unter Androhung schlimmster Folgen abzuverlangen. Wer sich nicht fügte, wurde ausgesetzt; Hansen ließ ihnen einen Vorsprung, dann jagte und tötete er sie.

Das alles blieb bis 1980 völlig unbemerkt: Während des Ölbooms der 70er war Anchorage eine wilde und gefährliche Stadt, in der das Gesetz Mühe hatte, sich Geltung zu

> **"Er ermordete all jene, die sich nicht fügten; er setzte sie in der Wildnis aus, dann jagte und tötete er sie."**

verschaffen, und ein ständiges, unkontrollierbares Kommen und Gehen herrschte. Außerdem gab es mehr als genug Wildnis, in der Hansen die Leichen seiner Opfer verstecken konnte.

1980 wurden aber von Bauarbeitern die Körper von zwei jungen Frauen gefunden. Eine davon konnte als die Stripperin Joanna Messina identifiziert werden; weitere Spuren ergaben sich nicht. Auch als zwei Jahre später Jäger in einem flachen Grab nahe des Knik-Flusses die Leiche einer weiteren Oben-ohne-Tänzerin, Sherry Morrow, entdeckten, konnte kein Tatverdächtiger bestimmt werden. Man vermutete jetzt zwar einen Serienmörder, aber nichts wies auf eine Verbindung zum verurteilten Vergewaltiger Robert Hansen hin.

ANGESEHENER BÜRGER

Hansen war keineswegs mordverdächtig, sondern ein angesehener Bürger. Dank eines vorgetäuschten Einbruchs in sein Haus hatte er sich genug Versicherungsgeld erschwindelt, um seine eigene Bäckerei zu eröffnen. Er lebte mit seiner Frau und zwei Kindern in einem hübschen Haus und besaß sogar ein eigenes Flugzeug.

Das alles änderte sich 1983. Ein Fernfahrer nahm eine Prostituierte mit, die eine Straße entlang rannte; an einem ihrer Handgelenke baumelten Handschellen. Er brachte sie zur Polizei, der sie von einem Freier berichtete, der sie in ein Haus geführt, brutalst vergewaltigt und dann in ein Flugzeug gesteckt habe. Sie sei im letzten Moment entkommen, andernfalls hätte der Mann sie sicherlich umgebracht. Die Frau führte die Polizei zu dem Haus und zu dem Flugzeug; beides gehörte Robert Hansen.

Hansen leugnete alles. Als Alibi behauptete er, den fraglichen Abend mit zwei Freunden verbracht zu haben. Mit nicht mehr als der unbestätigten Aussage einer Prostituierten in der Hand beschloss die Polizei, den Fall nicht weiter zu verfolgen.

Drei Monate später tauchte allerdings wieder eine Leiche auf, die von Paula Golding. Jetzt wurde John Douglas hinzugezogen, ein FBI-Experte für Serientäter, und man beschloss, sich noch einmal Hansen vorzunehmen. Dessen Freunde gestanden, das Alibi erfunden zu haben. In Hansens Haus fand die Polizei Tatwaffen und Ausweise der ermordeten Mädchen. Nach anfänglichem Zögern ließ sich Hansen auf einen Deal ein, dank dem er für nur vier Morde belangt werden würde und seine Strafe in einem Bundesgefängnis absitzen könne. Im Gegenzug gestand er zahlreiche weitere Morde, die ungesühnt blieben. Unter seiner Führung wurden elf Leichen in der Wildnis gefunden, von denen einige nie identifiziert werden konnten.

Am 18. Februar 1984 wurde er wegen Mordes zu lebenslanger Haft plus 461 Jahren verurteilt.

FRITZ HAARMANN

Fritz Haarmann machte als einer der ersten Serienkiller der Neuzeit Schlagzeilen. Er gestand, zwischen 1918 und 1924 mindestens 27 junge Männer und Jungen im niedersächsischen Hannover ermordet zu haben. Was Haarmann zu einer einzigartigen Schreckensgestalt macht, war die für seine Verbrechen typische Mischung aus Irrsinn und Methode. Er tötete als wahnsinnige Bestie: Er durchbiss die Luftröhre seiner Opfer, während er sie vergewaltigte. Dann nahm er sorgsam deren Kleider an sich und verkaufte sie; die Leichen tranchierte er, entsorgte die Knochen und kochte das Fleisch, das er auf dem Schwarzmarkt als Schweinefleisch anpries. Man muss sich vergegenwärtigen, dass in Deutschland nach dem Ersten Weltkrieg eine furchtbare Hungersnot herrschte. Hauptsache essbar – da wurde nicht lange nach der Herkunft gefragt.

MUTTERS LIEBLING

Fritz (Friedrich) Haarmann wurde am 25. Oktober 1879 als sechstes Kind von Olle und Johanna Haarmann geboren. Olle trank und war hinter jedem Rock her; Johanna war älter als ihr Mann, 41 Jahre bei Fritz' Geburt, und bei schlechter Gesundheit. Fritz, das Nesthäkchen, war der Liebling der Mutter und schlug sich fortwährend gegen den Vater auf ihre Seite. Als Kind spielte er gerne mit Puppen; mehr Sorge bereitete allerdings sein Hang andere, insbesondere seine Schwestern, zu erschrecken. Er liebte Spiele, bei denen er sie fesselte oder nachts an ihre Fenster klopfte.

Fritz Mutter starb, als er zwölf Jahre alt war; sein Hass auf seinen Vater verstärkte sich. Nach der Schule begann er eine Schlosserlehre. Diese brach er ab und man schickte ihn auf eine Militärschule.

Nach sechs Monaten wurde er wieder nach Hause geschickt: Er schien unter epileptischen Anfällen zu leiden. Er begann, Kinder zu belästigen. Klagen wurden laut; Haarmann wurde untersucht und von einem Arzt in eine Irrenanstalt eingewiesen – eine zutiefst traumatische Erfahrung. Schließlich konnte er aber ausbrechen und in die Schweiz fliehen, bevor er 1900 nach Hannover zurückkehrte. Er wirkte geläutert: Er heiratete Erna Loewert und war anscheinend bereit, sich niederzulassen. Als Erna aber schwanger wurde, verließ er sie, ging zur Armee und wurde zum Kleinkriminellen. Bald wurde er für Einbrüche und Taschendiebstähle inhaftiert. 1914 wurde ihm ein Einbruch in ein Warenhaus nachgewiesen; seine bis dahin längste Gefängnisstrafe ermöglichte ihm, den Ersten Weltkrieg in seiner Zelle abzusitzen. Nach der Entlassung 1918 fand er sich in einem völlig verarmten Deutschland wieder, das das Kriegstrauma zu überwinden suchte.

Im verzweifelten Überlebenskampf standen Verbrechen auf der Tagesordnung: das perfekte Umfeld für Haarmann. Er schloss sich einem Schmugglerring an und wurde Polizeispitzel, wodurch er gleich von zwei Seiten profitierte.

NACHKRIEGSVERBRECHEN

Zur Nachkriegszeit gehörten unweigerlich Tausende von Obdachlosen, die die Stadt bevölkerten. Viele prostituierten sich, weshalb es für Haarmann einfach war, junge Männer auszuwählen. Am liebsten suchte er in der Umgebung des Bahnhofs. Meist lockte er die Jungen unter dem Vorwand mit sich, Polizist zu sein. Sexueller Missbrauch hatte ihm vormals genügt, doch mittlerweile war sein Wahnsinn fortgeschritten: Jetzt mussten seine

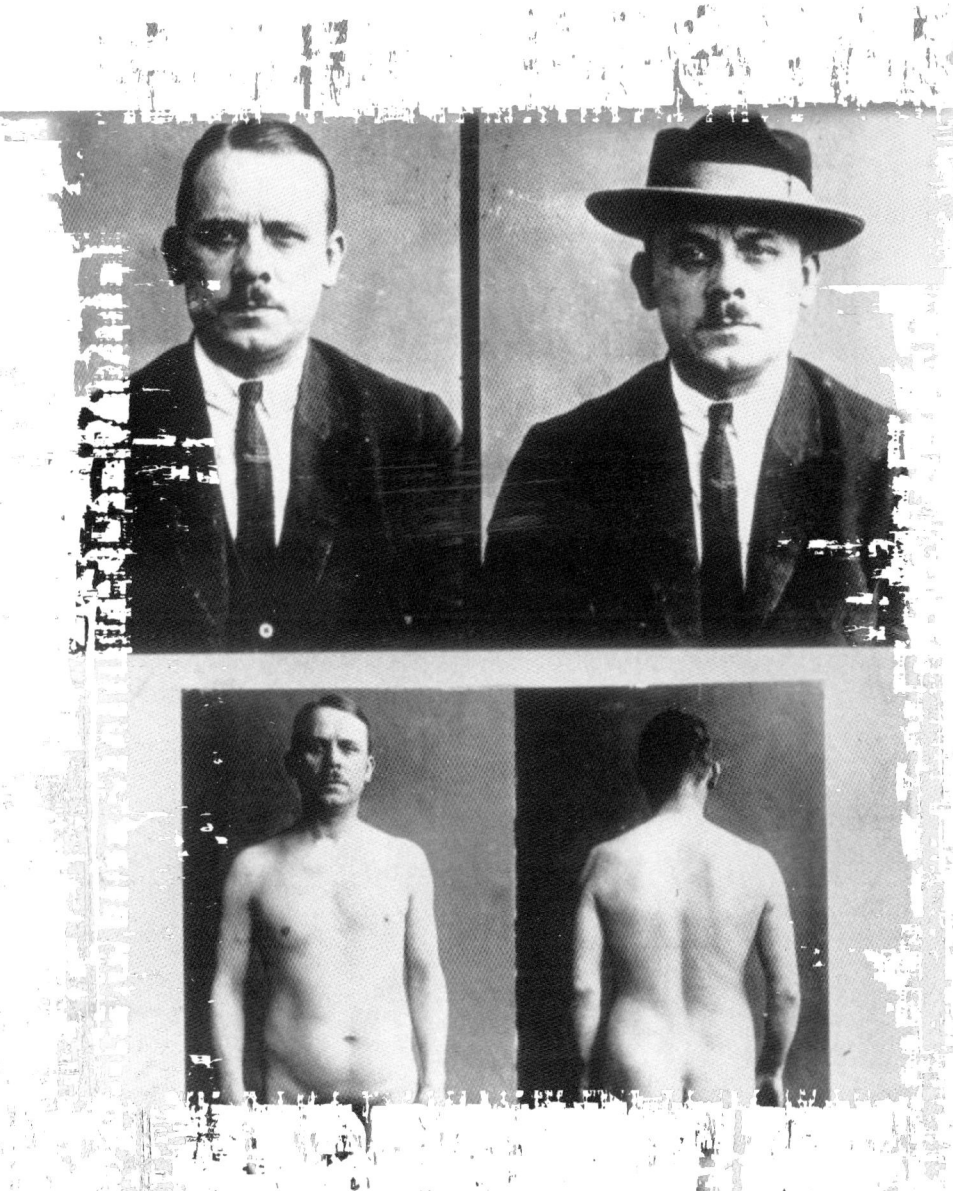

Opfer sterben, um seine abartigen Gelüste zu befriedigen.

Eines seiner ersten war Friedel Rothe. Dessen Eltern hatten herausgefunden, dass ihr Sohn mit einem „Inspektor Haarmann" gegangen war; die Polizei durchsuchte Haarmanns Wohnung, fand aber den abgetrennten Kopf des Jungen nicht, der hinter dem Ofen lag. Kurz darauf wurde Haarmann wegen unsittlichen Verhaltens zu neun Monaten Gefängnis verurteilt. Nach der Entlassung lernte er

„Die Polizei fand den Kopf des Jungen nicht; er lag hinter dem Ofen."

SLUMSCHLÄCHTER

Haarmanns Zimmer: Eigentlich gab es nicht viel zu durchsuchen, doch die Polizei übersah trotzdem wichtige Hinweise darauf, dass der Mann ein Mörder war.

den jungen Schwulen Hans Grans kennen. Die beiden verliebten sich und zogen zusammen. Dann wurden sie Partner im Schwarzhandel; Fritz verdingte sich weiterhin als Spitzel. Über die Jahre kam ein grausiger Nebenerwerb hinzu: der Verkauf der Kleidung und des Fleisches von Haarmanns Opfern.

Diese wurden meist von niemandem vermisst. Und wenn doch, so verpfuschten die Behörden die Ermittlungen: So hielten die Eltern eines Opfers Grans für den Mörder, der jedoch zur Tatzeit in Haft gewesen war. Dennoch kam niemand auf die Idee, Haarmann zu verhören, obwohl dieser, getarnt als Kriminalist, sogar die Eltern aufsuchte und hysterisch über deren Ängste lachte.

Ein andermal brachte ein misstrauischer Kunde ein Stück Fleisch Marke Haarmann zur Polizei, die nach eingehender Untersuchung erklärte, es sei Schwein. Wie es schien, zogen die Leute es vor, gegenüber den Morden in der Schwulenszene blind zu sein.

Das änderte sich, als im Mai 1924 etliche menschliche Schädel am Ufer der Leine gefunden wurden. Zunächst versuchten die Behörden, die aufkommende Panik zu besänftigen: Das Ganze sei ein makabrer Scherz, Grabräuber hätten die Schädel hinterlassen. Als jedoch Kinder am 24. Juli einen Sack voller menschlicher Gebeine fanden, brach der Aufruhr vollends los. Alles in allem stellte die

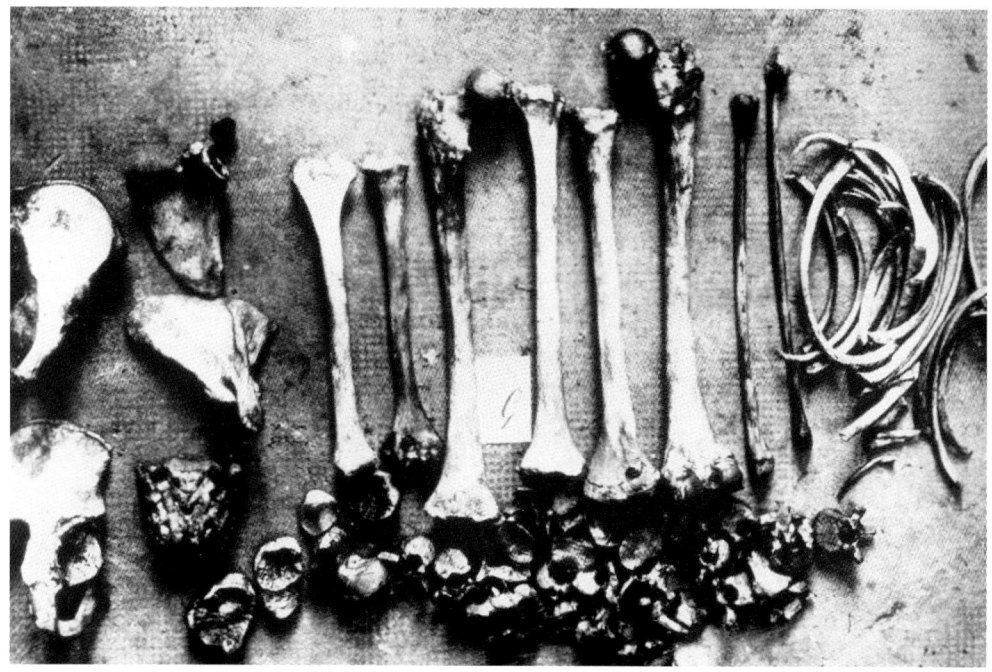

Polizei 500 Knochen von mindestens 27 Menschen sicher.

Die Polizei ermittelte gegen alle lokalen Sextäter, darunter unter anderem Fritz Haarmann, fand aber noch immer keinen Beweis für seine Verwicklung in die Mordfälle.

Zuletzt brachte Haarmanns eigene Arroganz ihn zu Fall. Aus irgendeinem Grund – vielleicht um sich selbst von weiteren Morden abzuhalten – brachte er einen 15-Jährigen wegen Aufmüpfigkeit zur Polizei. In Gewahrsam genommen, klagte der Junge Haarmann wegen sexueller Belästigung an. Haarmann wurde festgenommen, seine Wohnung durchsucht. Die Polizei fand – in einigen Fällen blut-befleckte – Kleidung von vermissten Kindern.

Haarmann wollte sich damit herausreden, dass er mit gebrauchter Kleidung handle und keine Ahnung habe, woher das Blut stamme. Nach einer Woche unter Befragung brach er aber zusammen und gestand seine Bluttaten. Er führte die Ermittler

Einige der Knochen von Haarmanns Opfern. Ihre Entdeckung löste eine Welle der Panik aus.

zu einer Reihe von Plätzen rund um Hannover, wo er weitere Leichen begraben hatte, und schien sehr stolz auf seine Morde zu sein. Nur beim Thema Hans Grans wurde es heikel: Abwechselnd gab er ihm an allem die Schuld oder erklärte ihn für völlig unbeteiligt.

Haarmann wurde vor Gericht gestellt und zum Tode verurteilt. Grans wurde nur als Mitwisser eingestuft und erhielt eine vergleichsweise milde zwölfjährige Haftstrafe. Haarmann genoss allem Anschein nach die Verhandlung, in der er sich selbst verteidigte. Er rauchte Zigarren und beschwerte sich über die Anwesenheit von Frauen im Gerichtssaal. Es sollte sein letzter großer Auftritt sein: Am 25. April 1925 wurde ihm der Kopf abgeschlagen.

CARROLL EDWARD COLE

einer der ganz wenigen Serienmörder mit dem IQ eines Genies ist Carroll Edward Cole. Paradoxerweise entpuppte er sich als das Parade-beispiel für einen desorganisierten Killer. Er tötete ohne Muster und ohne Logik; er hinterließ keine kryptischen Hinweise und sandte keine rätselhaften Schreiben an die Polizei. Meist war Cole bei seinen Taten zu betrunken, um sich an irgendetwas zu erin-nern. Dass er so lange frei herumlaufen und so viele Menschen ermorden konnte, stellt der Kompetenz der Behörden ein Armutszeugnis aus.

Carroll Edward „Eddie" Cole wurde am 9. Mai 1938 als zweiter Sohn von LaVerne und Vesta Cole in Sioux City (Iowa) geboren. Nach der Geburt seiner Schwes-ter im Jahr darauf zog die Familie nach Kalifornien, wo LaVerne Arbeit in einer Werft fand. Wenig später wurde er eingezogen, um im Zweiten Weltkrieg zu kämpfen.

MÜTTERLICHE SCHIKANEN

In Abwesenheit des Vaters begann Coles Mutter fremdzugehen. Manchmal nahm sie Eddie mit; anschließend verprügelte und bedrohte sie ihn, um sich seines Schweigens zu versichern. Vesta war eine grausame Tyrannin, besonders Eddie gegenüber. Sie zog ihn wie ein Mädchen an und machte sich über ihn lustig. In der Schule wurde Carroll wegen seines Namens gehänselt; er vergrub sich immer weiter in seinem wachsenden Groll. In seiner Autobiografie, die er im Gefängnis schrieb, behauptete er, mit neun Jahren einen seiner Quälgeister ertränkt zu haben.

Die Polizei hatte den Tod des Mitschülers für einen Unfall gehalten.

Als Teenager glitt Carroll in die Kleinkriminalität ab. Immer wieder wurde er wegen Trunkenheit und kleineren Diebstählen verhaftet. Nach der High-school ging er zur Armee, wurde aber nach dem Diebstahl einiger Pistolen prompt wieder entlassen. Zu dieser Zeit tauchten bei ihm Anzeichen einer geis-tigen Zerrüttung auf. 1960 attackierte er zwei Pärchen in parkenden Autos. Wenig später infor-mierte er die Polizei in seinem Heimatort Richmond in Kalifornien darüber, dass er von Gewaltfantasien heimgesucht werde, in denen er unter anderem Frauen erwürge.

PSYCHIATRISCHE HILFE

Man riet ihm, professionelle Hilfe in Anspruch zu nehmen; die nächsten drei Jahre ging Cole in psychi-atrischen Kliniken ein und aus. In der letzten, dem Stockton State Hospital, schrieb ein Dr. Weiss: „Er scheint vor Frauen Angst zu haben und kann nicht mit ihnen schlafen, ohne sie vorher zu töten." Trotz dieser vernichtenden Diagnose unterstützte Weiss Coles Entlassung im April 1963.

Wieder auf freiem Fuß, schlug er sich nach Dallas in Texas zu seinem Bruder Richard durch. Dort heira-tete er die trunksüchtige Stripperin Billie Whitworth – eine Verbindung, die nichts zur Besserung seiner kranken Haltung gegenüber Frauen beitrug. Nach zwei schlimmen Jahren endete die Ehe damit, dass Cole ein Motel niederbrannte, in dem seine Frau seiner Ansicht nach mit anderen Männern schlief. Er wurde wegen Brandstiftung eingesperrt.

Wieder frei, versuchte Cole eine 11-Jährige in Missouri zu erwürgen. Dafür setzte es weitere fünf Jahre Haft. Nach der neuerlichen Entlassung verschlug es ihn nach Nevada, wo er wieder versuchte, Frauen zu erwürgen. Einmal mehr wies er sich selbst in die Psychiatrie ein. Die dortigen Ärzte registrierten seine Mordfantasien, sahen darin aber keine Veranlassung, ihn festzusetzen. Stattdessen erhielt er eine Fahrkarte nach San Diego.

DIE ERSTEN DREI OPFER

Dort beging er seine ersten Morde als Erwachsener. Er tötete drei Frauen: Alle hatte er in Bars kennengelernt, mit ihnen Sex gehabt und sie erwürgt. Er behauptete später, sie alle wären ihren Ehemännern untreu gewesen und hätten ihn deshalb an seine Mutter erinnert.

Damit war der Rahmen für die folgenden zehn Jahre gesteckt. Cole war ständig unterwegs und an jedem neuen Ort erwürgte er Frauen, in der Regel im Vollrausch. Zu einem Fall in Oklahoma City sagte er, er sei aus dem alkoholischen Blackout aufgewacht und dabei gewesen, Stücke des Gesäßes der Frau zu braten.

1979 kehrte Cole nach San Diego zurück und heiratete erneut eine schwere Alkoholikerin. Zu dieser Zeit ermordete er Bonnie Sue O'Neill und ließ ihre Leiche in der Nähe seines Arbeitsplatzes zurück. Trotzdem wurde er nicht vernommen. Wenig später tötete er seine Frau. Dieses Mal gab es eine Geschichte, wie er vor Zeugen gedroht hatte,

sie zu ermorden. Ein Nachbar beobachtete ihn, wie er unter seinem Haus ein Grab aushob. Er rief die Polizei, die Coles Frau in einem Schrank im Haus fand. Erstaunlicherweise beschlossen die Polizisten, dass sie wohl an einer Alkoholvergiftung gestorben war und ließ Cole in Ruhe.

Der Killer verließ San Diego und zog wieder ziellos herum. Er ermordete eine weitere Frau in Las Vegas und kehrte dann nach Dallas zurück, wo er im November 1980 drei Frauen erwürgte. Beim zweiten dieser Fälle wurde er verdächtigt, beim dritten am Tatort vorgefunden. Er wurde in Gewahrsam genommen. Dann aber kam die Polizei zu dem Schluss, dass das Opfer vermutlich an natürlichen Ursachen gestorben war und wollte Cole freilassen. Bevor es so weit kam, legte Cole jedoch ein Geständnis ab – nicht nur über den fraglichen Mord, sondern über seine gesamte mörderische Vergangenheit.

Am 9. April 1981 wurde er wegen dreier Morde in Texas zu lebenslanger Haft im Gefängnis von Huntsville verurteilt. 1984 starb seine Mutter, was seine Einstellung zu verändern schien. Anstatt seine Strafe abzusitzen und auf eine Begnadigung zu hoffen, erklärte er sich einverstanden, sich weiterer Mordanklagen in Nevada zu stellen, obwohl ihm damit die Todesstrafe drohte.

Im Oktober 1984 wurde über Cole tatsächlich die Todesstrafe verhängt. Gegner der Todesstrafe versuchten eine Aussetzung zu erwirken, aber Cole wollte von all dem nichts hören. Nach der Verkündigung des Urteils sagte er: „Danke, Richter." Im Dezember 1985 wurde er hingerichtet.

Coles letzte Momente: Zu guter Letzt nahmen die Behörden doch Notiz von ihm und beendeten sein Leben.

VAMPIRISCHE MÖRDER

Der Vampir steht mit einem Fuß im Mythos, mit dem anderen in der blutigen Realität. Einerseits sind vampirische Mörder fantastische Monster wie Werwölfe und Zombies. Doch gewöhnliche Menschen haben die Macht, die Taten dieser Monster Wirklichkeit werden zu lassen – zumindest was das Trinken von Blut angeht.

Im 16. Jahrhundert wurde über die ungarische Gräfin Erzsébet Báthory gesagt, sie sei ein Vampir; ihre mörderischen Taten sind teils Geschichte, teils Mythos. Es war 1897 Bram Stokers Roman „Dracula", der das moderne Bild des Vampirkillers als höchst verführerisches und elegantes Ungeheuer etablierte. Eine Menge Horrorfilme haben seither das Bild des glatten Mörders im Smoking, der seine Eckzähne nur zeigt, wenn es für seine Opfer viel zu spät ist, um zu fliehen, in unseren Köpfen geprägt.

Reale Vampire sind jedoch weniger elegante Geschöpfe. Sie sind oft einsame Männer mit Minderwertigkeitskomplexen und einer Wut auf die Welt, deren Taten nur Teil ihres mörderischen Wahnsinns sind. Die Psychologie ihres bizarren Bluts ist komplex, aber wie bei den kannibalischen Mördern sind wir schockiert, weil hier ein weiteres tiefes, altes menschliches Tabu gebrochen wird.

BELA KISS

Über das frühe Leben von Bela Kiss, einem der schrecklichsten Serienmörder aller Zeiten, ist wenig bekannt. Licht fällt erst auf seine Geschichte, als er als junger Mann, der scheinbar auf der Suche nach einer Ehefrau war, zu morden begann.

Als gut aussehender Mann mit blauen Augen und blondem Haar war er für Frauen sehr attraktiv; nicht nur wegen seines guten Aussehens, sondern auch weil er gebildet, intelligent und höflich war. Als seine Verbrechen jedoch ans Tageslicht kamen, zeigte sich, dass Kiss im wahrsten Sinne des Wortes ein Ladykiller war. Er ermordete über 20 Frauen und legte ihre Leichen in großen Metallfässern in Alkohol ein, die er in seinem Haus und im Umland versteckte. Am erschreckendsten ist aber vermutlich, dass er damit tatsächlich durchkam.

TONNEN

1912 lebte Bela Kiss in Czinkota, einem Dorf außerhalb von Budapest. Er teilte das Haus mit seiner Haushälterin, einer älteren Dame namens Jakubec. Obwohl er im Dorf beliebt war, hatte er zu keinem seiner Nachbarn engeren Kontakt. Als alleinstehender Mann hatte er mehrere Beziehungen mit

Metalltonnen, die Bela Kiss verwendete, um seine Opfer einzulegen, nachdem er sie getötet und ihr Blut abgelassen hatte.

hübschen jungen Frauen, die oft zu ihm ins Haus kamen, aber der Haushälterin oder seinen Nachbarn nie vorgestellt wurden. Kiss sammelte auch Metalltonnen und erklärte der örtlichen Polizei, er würde Benzin darin lagern, das wegen des nahenden Krieges wahrscheinlich knapp werden würde.

1914 wurde Kiss in die Armee einberufen. Während er weg war, suchten Soldaten in seinem Haus nach den angeblich dort gehorteten Benzinvorräten. Sie fanden die Tonnen und öffneten sie. Anstelle von Benzin entdeckten sie allerdings in jeder Tonne die Leiche einer Frau, die erwürgt und deren Körper dann in Alkohol eingelegt worden war. Eine Durchsuchung von Kiss' Papieren offenbarte Dutzende von Briefen jener Frauen, die das Haus besucht hatten, nachdem sie auf seine Heiratsannoncen reagiert hatten.

Kiss lockte wohlhabende, attraktive Frauen durch Briefverkehr an, versprach ihnen die Ehe und beraubte sie oft im Verlauf der Korrespondenz ihrer Ersparnisse. Wenn sie bei ihm eintrafen, erwürgte er sie, legte ihre Leichen in Alkohol ein und versiegelte sie in den Metalltonnen. Die Leichen wiesen punktförmige Bissspuren am Hals auf und ihre Körper waren ausgeblutet. Bela Kiss war nicht nur ein Mörder, sondern auch ein Vampir.

Bis heute weiß niemand, warum er die Leichen auf diese Weise konservierte. Es war offensichtlich eine riskante Angelegenheit. Die Tonnen waren groß und schwer zu verstecken und die Leichen waren darin so perfekt konserviert, dass manchmal sogar noch die Kleideretiketten lesbar waren. Sicherlich musste Kiss gewusst haben, dass seine Verbrechen leicht nachverfolgbar waren, wenn die Tonnen jemals geöffnet würden.

Ein Foto vom Nebengebäude, wo einige Leichen gefunden wurden.

"Mehrere vermisste Frauen wurden in den Tonnen entdeckt."

EINE NEUE IDENTITÄT

In den Tonnen entdeckte man mehrere vermisste Frauen aus der Umgebung und andere, die nicht vermisst wurden. Kiss wiederholte seine Verbrechen mit zahlreichen ahnungslosen Opfern immer wieder, indem er den falschen Namen „Herr Hoffmann" verwendete. Bis zur Entdeckung der Leichen wurde nie eine Verbindung zwischen Bela Kiss und „Herrn Hoffmann" hergestellt, der zum Verhör wegen des Verschwindens zweier Witwen, mit denen er korrespondiert hatte, gesucht wurde.

Der Kriegsbeginn stelle für Kiss die perfekte Chance dar, der Verhaftung zu entgehen: Er täuschte seinen eigenen Tod vor, indem er seine Papiere gegen die eines Kameraden austauschte, der in einer Schlacht gefallen war. Sein Plan wurde allerdings zunichte gemacht, als ihn im Frühling 1919 ein Bekannter aus früheren Tagen in Budapest sah. Die Polizei ermittelte und entdeckte den Betrug, war aber noch immer nicht imstande, ihn zu schnappen. Später prahlte ein Soldat namens Hoffmann bei seinen Kameraden über sein Geschick als Würger, doch einmal mehr war die Spur bereits kalt, als sich die Polizei einschaltete.

Viele Jahre später wurde Kiss angeblich in New York von einem Kriminalbeamten namens Henry Oswald gesehen, der bekannt war für seine Fähigkeit, sich Gesichter zu merken. Zu dieser Zeit war Kiss Ende 60. Oswald verfolgte Kiss, verlor ihn aber in den Menschenmassen des Times Square. Einige Jahre später wurde Kiss wieder in New York gesehen, diesmal als Hausmeister eines Wohnblocks; doch er entkam der Polizei und wurde nie gefasst.

Niemand weiß, wie oder wann Bela Kiss starb. Die wahre Anzahl seiner Opfer ist ebenfalls unbekannt. Hörte er auf, Frauen zu töten, als er auf der Flucht war, oder setzte er seine abscheulichen Taten unentdeckt fort? Wie viele Frauen, die zu dieser Zeit in Ungarn vermisst wurden, könnten von Bela Kiss in ihren Tod gelockt worden sein? Das sind Fragen, auf die wir die Antwort nie erfahren werden.

JOHN GEORGE HAIGH

als Großbritanniens wohl ärgster Serienmörder seit Jack the Ripper bleibt John George Haigh, der „Säurebadmörder", ein Rätsel. War er ein berechnender Schwindler, der wegen des Geldes mordete? Stellte er sich bewusst als Wahnsinniger dar, der menschliches Blut trinken musste, damit er auf unzurechnungsfähig plädieren konnte? Oder war er wahrhaftig ein moderner Vampir?

John Haigh wurde am 24. Juli 1909 in Stamford, Lincolnshire, im Norden Englands geboren. Kurz nach seiner Geburt zogen seine Eltern, John Robert und Emily, nach Outwood bei Wakefield. Beide waren Mitglied der Brüderbewegung, einer ultra-puritanischen christlichen Sekte mit einer auf Schuld und Bestrafung basierenden Ideologie.

HINTERGRUND

Die Familie schien intakt zu sein, doch die Religion dominierte Haighs Kindheit. Sein Vater zeigte ihm oft eine Narbe, von der er behauptete, es wäre eine Strafe Gottes für eine begangene Sünde. Der junge Haigh lebte erst in Angst, selbst so ein Mal zu bekommen, aber als er sündigte und kein derartiges Mal erhielt, entwickelte er diesen tiefen Zynismus, der sein Erwachsenenleben charakterisieren sollte.

Nach der Schule arbeitete Haigh als Automechaniker. Obwohl er Autos liebte, hatte er eine lebenslange Aversion gegen Schmutz (später trug er ständig Handschuhe, um Kontamination zu vermeiden). Er kündigte bald und arbeitete kurz als Sekretär, bevor er einen Beruf fand, in dem er seine bereits gut entwickelte Fähigkeit, die Wahrheit zu beschönigen, nutzen konnte: Er wurde Werbetexter. Er war gut und kaufte sich einen protzigen Alfa Romeo. Als jedoch Geld verschwand, wurde er gefeuert.

1934 traf und heiratete er Beatrice Hammer. Vier Monate später wurde er wegen Betrugs mit Abzahlungsverträgen verurteilt. Während er im Gefängnis saß, brachte Beatrice ein Kind zur Welt, das sie sofort zur Adoption freigab. Nach seiner Entlassung verließ er Beatrice und ignorierte sie einfach, als ob er nie verheiratet gewesen wäre.

Die Haft schien Haigh schwer schockiert zu haben, denn er kehrte zurück auf den rechten Weg. Er machte eine Reinigungsfirma auf, die florierte, bis sein Geschäftspartner bei einem Motorradunfall starb und das Geschäft wegen des nahenden Krieges zurückging. Haigh zog nach London, wo er in einer Spielhalle arbeitete, die einem gewissen Donald McSwann gehörte. Ein Jahr später beging er wieder einen Betrug, für den er neuerlich ins Gefängnis ging, diesmal für vier Jahre. Dort unterhielt er sich mit seinen Mithäftlingen über das perfekte Verbrechen. Mangelndes Verständnis des Gesetzes ließ ihn die Vorstellung entwickeln, dass man nicht wegen Mordes verurteilt werden konnte, wenn die Polizei keine Leiche fand. Er meinte, dass man sie dazu am besten in Säure auflöste und experimentierte in den Gefängniswerkstätten, wo er es schaffte, eine Maus in Säure verschwinden zu lassen.

LEBEN NACH DEM GEFÄNGNIS

Zurück in der Gesellschaft, setzte er seinen Plan in die Tat um. Er traf McSwann und lockte ihn in eine gemietete Werkstatt. Dann tötete er ihn und steckte seine Leiche mit einiger Mühe in ein großes Säurefass, das er zu diesem Zweck vorbereitet hatte. Der Plan funktionierte perfekt und Haigh konnte die letzten matschigen Reste seines Freundes in den Abfluss kippen. McSwanns Eltern wurden

„Dann tötete er ihn und steckte seine Leiche mit großer Mühe in ein großes Säurefass."

misstrauisch, aber Haigh konnte sie mit der Geschichte abspeisen, dass ihr Sohn nach Schottland geflohen wäre, um dem Kriegsdienst zu entgehen.

Als McSwann nach Kriegsende nicht zurückkehrte, wurden seine Eltern noch misstrauischer. Haigh griff hart durch. Er lockte die Eltern in die Werkstatt und ermordete beide wie ihren Sohn. Danach fälschte er Briefe, in denen er sich selbst berechtigte, ihren beträchtlichen Besitz zu verkaufen. In den nächsten drei Jahren lebte er von diesem Geld. Wegen seiner Spielernatur ging es ihm jedoch aus und er musste sich nach neuen Opfern umsehen.

Er fand ein Ehepaar namens Archie und Rosalie Henderson, die dasselbe Schicksal ereilte wie die McSwanns. Auch hier gelang es ihm, an ihre Besitztümer zu gelangen. Das Geld brachte er jedoch in weniger als einem Jahr durch. Im Februar 1949 konnte er die Rechnung des Onslow Court Hotels, in dem er wohnte und das bei reichen Witwen sehr beliebt war, nicht mehr bezahlen. Er überzeugte eine der Witwen, Olivia Durand-Deacon, davon, dass er ein Geschäftsvorhaben plante, das sie interessieren könnte. Sie willigte ein, mit ihm in seine neue Werkstatt neben einer kleinen Fabrik in Surrey gleich außerhalb von London zu fahren. Dort schoss er ihr in den Kopf, nahm ihr Schmuck und Pelzmantel ab und warf sie in ein Säurebad.

Innerhalb von zwei Tagen alarmierte eine Freundin von Mrs. Durand-Deacon die Polizei und erzählte, dass sie geplant hatte, Haigh zu treffen. Haigh behauptete, sie wäre nie bei ihm angekommen,

Dr. Keith Simpson, der zuständige Pathologe, und seine Sekretärin untersuchen Überreste, die in einer verlassenen Fabrik gefunden wurden.

VAMPIRISCHE MöRDER

Am Tag von Haighs Hinrichtung im Wandsworth-Gefängnis ging die Volksstimmung hoch.

doch er verhielt sich verdächtig und die Polizei beschloss, weitere Nachzuforschungen anzustellen.

Sie hörten von seiner Werkstatt in Surrey und besorgten sich einen Durchsuchungsbefehl. Dort fanden sie mehrere Hinweise darauf, dass Mrs. Durand-Deacon dort gewesen war. Ein Ladenbesitzer, der Haigh als den Mann identifizierte, der ihm den Schmuck der Witwe verkauft hatte, schürte ihren Verdacht weiter. So brachten sie Haigh zum Verhör.

DIE VERTEIDIGUNG

In Haft rühmte sich Haigh, dass Mrs. Durand-Deacon nie gefunden werden würde, da er sie in Säure aufgelöst hätte, in dem Glauben, ohne Leiche könnte man ihn nicht anklagen. Tatsächlich fand die Polizei, als sie zurückging und sich durch den abscheulichen Matsch am Boden des Säurebades arbeitete, mehrere Stücke von menschlichen Knochen und einen Teil von Durand-Deacons Zahnprothese.

Das Spiel war aus für Haigh, der nun seine Taktik änderte: Er wollte auf unzurechnungsfähig plädieren. Er gestand die Morde an den McSwanns und den Hendersons ebenso wie drei weitere Morde an nicht identifizierten Opfern und behauptete, das Motiv wäre nicht finanziell gewesen, sondern dass er von Träumen aus seiner religiösen Kindheit gequält wurde. Aufgrund dieser Träume hätte er einen unstillbaren Durst nach menschlichem Blut – das er durch einen Strohhalm aussaugte. Man nimmt an, dass er das Geständnis über die drei mysteriösen Opfer hinzufügte, da das Motiv für die tatsächlichen Opfer so eindeutig finanzieller Natur war.

Die Verteidigung fand einen Psychiater, der Haigh Unzurechnungsfähigkeit bestätigte, doch die Geschworenen waren davon nicht zu überzeugen. Er wurde schuldig gesprochen und zum Tode verurteilt. Am 6. August 1949 wurde er im Wandsworth-Gefängnis, London, gehängt.

ALI REZA KHOSHRUY KURAN KORDIYEH

Serienmörder operieren im Allgemeinen in den Städten des Westens, vor allem in den Vereinigten Staaten. Auch in Westeuropa ist das Phänomen wohl bekannt, in jüngsten Jahren auch immer mehr in Russland und Südafrika. Dass ein Serienmörder im Herzen des Iran zuschlug, war allerdings ziemlich beispiellos.

Ali Reza Khoshruy Kuran Kordiyeh war 27 Jahre alt, als er 1997 verhaftet wurde, nachdem er mindestens neun Frauen getötet hatte, darunter auch eine Mutter und ihre 10-jährige Tochter. Über seine Jugend ist wenig bekannt, außer dass er 1993 schon einmal wegen Entführung und Vergewaltigung verhaftet worden war. Damals konnte er vor der Polizei fliehen, als er für den Prozess zum Gericht gebracht wurde. Die nächsten vier Jahre lebte er verborgen, bevor er seine Mordserie startete.

DIE METHODE

Kordiyehs Vorgehensweise war einfach. Er gab sich als Taxifahrer aus und fuhr auf der Suche nach möglichen Opfern durch die iranische Hauptstadt Teheran. Wenn er eine Frau einmal in sein Auto gelockt hatte, vergewaltigte er sie und stach wiederholt auf sie ein, mitunter nicht weniger als 30 Mal. Die Leichen übergoss er mit Benzin und zündete sie an, um damit alle Beweise zu vernichten.

Während die Anzahl von Kordiyehs Verbrechen eskalierte, lebte die Stadt in Schrecken vor dem Mann, den die Presse jetzt den „Vampir von Teheran" nannte. Eine Zeit lang hatte die Polizei keinerlei Anhaltspunkte, bis zwei Frauen unabhängig voneinander seinen Klauen entkamen und der Polizei ihren Angreifer beschreiben konnten.

Kurze Zeit später wurde Kordiyeh von der Polizei

Die Stadt Teheran, die Heimat von Ali Reza Khoshruy Kuran Kordiyeh, dem „Vampir von Teheran".

VAMPIRISCHE MÖRDER

„Wenn er eine Frau in sein Auto gelockt hatte, vergewaltigte er sie und stach wiederholt auf sie ein."

aufgegriffen, weil er sich in einem Einkaufszentrum verdächtig verhielt. Außerdem war seine Ähnlichkeit mit dem Phantombild des „Vampirs" aufgefallen. Die Polizei untersuchte sein Auto und fand Blutspuren. Im Verhör gestand Kordiyeh, dass er tatsächlich der Vampir war, doch er machte keine Angaben zum Hintergrund seiner Verbrechen.

DIE STRAFE

Kordiyehs Prozess wurde live im iranischen Fernsehen übertragen und war eine öffentliche Sensation. Er wurde zu 214 Peitschenhieben und zum Tod durch Erhängen verurteilt. Das Urteil sollte öffentlich vollstreckt werden, auf einem Platz im Bezirk rund um das Olympische Dorf, wo er viele der Morde verübt hatte. Die Einwohner von Teheran versammelten sich zu Tausenden zu dem Ereignis, was zu langen Staus führte, da alle am Morgen des 12. August 1997 dort sein wollten.

Vor der Hinrichtung erklärte ein Geistlicher den rund 20 000 anwesenden Zuschauern, dass „unschuldiges Blut immer gerächt wird; dies ist die Strafe für den Verbrecher, aber wir Zeugen sollten unsere Lektion daraus lernen". Dann führte man

Ein übliches Schicksal von Vergewaltigern und Verbrechern in Teheran: Sogar das Risiko der Lynchjustiz reichte nicht aus, um Kordiyeh abzuhalten.

Kordiyeh herein, damit er seinem Tod ins Auge sah. Erst wurde er in Bauchlage auf eine Bank gestoßen. Männliche Angehörige der Opfer teilten abwechselnd mit einem schweren Ledergürtel die 214 Schläge aus. Die Menge musste gebändigt werden, um nicht mitzumachen und Kordiyeh zu Tode zu prügeln. Dann wurde er halb bewusstlos an einem improvisierten Galgen befestigt, einem gigantischen gelben Baukran, der seinen Körper hochzog, als er starb. Seine letzten Worte waren: „Ich habe von niemandem Geld geliehen und schulde es keinem. Ich bitte Gott um Vergebung für meine Taten."

Wenn diese brutale Hinrichtung andere davon abhalten sollte, in Kordiyehs Fußstapfen zu treten, dann war sie erfolglos. Einige Monate später wurde ein weiterer Taxifahrer nach einer versuchten Vergewaltigung verhaftet. Er sagte, er sei der nächste Vampir von Teheran. Im selben Jahr wurde Ahmad Taqiabadi in Shiraz im Süden des Iran der Entführung von zwölf Kindern, wovon er sechs vergewaltigte, und des dreifachen Mordes angeklagt. Kordiyehs Hinrichtung hatte nicht den erhofften Effekt. Das bislang unbekannte Serienmörder-Phänomen trat im Iran nun genauso auf wie anderswo.

DEAN CORLL

Als die Polizei im August 1973 27 Leichen fand, vergraben an drei unterschiedlichen Stellen rund um Houston, schoss Dean Corll, der Candyman, hinsichtlich der tatsächlich gefundenen Leichen an die Spitze der US-Serienmörderliste. Corll sollte seine Position später an John Wayne Gacy abgeben, einen anderen Sadisten mit einem grauenhaften Rekord an ermordeten Teenagern. Corll erlangte vielleicht nicht den berüchtigten Ruf späterer Mörder wie Gacy und Jeffrey Dahmer, aber dem puren Bösen nach muss er unter die grausamsten aller Serienmörder gereiht werden.

Dean Corll wurde am 24. Dezember 1939 in Fort Wayne, Indiana, geboren. Seine Eltern, Arnold und Mary, hatten eine stark gewalttätige Beziehung und ließen sich scheiden, als Dean sechs war. Mary zog Dean und seinen Bruder Stanley auf. Doch Arnold und Mary setzten ihre Beziehung fort; 1950, als Dean elf war, heirateten sie wieder, zogen nach Houston und trennten sich kurz darauf wieder.

DER CANDYMAN

In den 50er-Jahren eröffnete Deans Mutter einen kleinen Süßwarenladen. Dean half ihr in diesem Betrieb, der in den frühen 60er-Jahren zum großen Geschäft expandierte. Dean stellte die Süßigkeiten nachts in ihrer umfunktionierten Garage her und arbeitete tagsüber bei Houston Lighting and Power. In dieser Zeit wurde er in der Umgebung bekannt, weil er den Kindern Gratis-Kostproben gab. Deshalb erhielt er den Spitznamen „Candyman".

1964 wurde Corll in die Armee einberufen, verließ diese aber nach einem Jahr mit einer Notfallserlaubnis, um seiner Mutter im Betrieb zu helfen. Sie arbeiteten noch bis 1969 zusammen; dann zog seine Mutter nach Colorado und Corll setzte seine Ausbildung zum Elektriker fort.

Corlls Familie merkte nicht, dass er mittlerweile ein Doppelleben führte. Seine Zeit in der Armee hatte seine homosexuellen Triebe entfacht und er hatte begonnen, ein aktives, wenn auch nicht eingestandenes, homosexuelles Leben zu führen. Es zog ihn besonders zu Teenagern hin und er hatte eine Vorliebe für Bondage, mit immer stärkeren sadistischen Neigungen. Er gab Partys und bot Getränke, Drogen und Kleber zum Schnüffeln an, um Teenager anzulocken und derart zu berauschen, dass er mit ihnen tun konnte, was er wollte. In den 70er-Jahren lernte er zwei Jungen kennen, Elmer Henley und David Brooks, die gewillt waren, ihm bei der Verwirklichung seiner Fantasien zu helfen.

DIE KOMPLIZEN

David Brooks wurde 1955 in Beaumont, Texas, geboren. Seine Eltern ließen sich in den frühen 60er-Jahren scheiden, als David erst fünf Jahre alt war. Elmer Henley war ein Schulabbrecher, der an Akne litt und ein Alkoholproblem hatte.

Laut Henleys Angaben bot Corll ihnen Geld an: 200 Dollar für jeden jungen Burschen, den sie ihm brachten – nicht nur, um mit ihm Sex zu haben, sondern um ihn zu foltern und zu töten. Es gibt jedoch wenige Beweise, dass jemals Geld den Besitzer wechselte, und es ist möglich,

**"Es zog ihn
besonders zu
Teenagern hin
und er hatte
eine Vorliebe
für Bondage."**

dass Henley diese Geschichte erfunden hat. Wahrscheinlicher ist, dass Brooks und Henley willig mitmachten, nicht nur beim sexuellen Missbrauch, sondern auch bei den anschließenden Morden.

Laut Brooks geschah Corlls erster Mord Mitte 1970. Das Opfer war ein per Anhalter fahrender Collegestudent namens Jeffrey Konen. Im Dezember 1970 ermordete Corll den 14-jährigen James Glass und den 15-jährigen David Yates am gleichen Tag. Im Januar 1971 ermordete er ein Brüderpaar, Donald und Jerry Waldrop. Ebenfalls tötete er einen Jungen namens Billy Baulch und wartete dann ein Jahr, bevor er Billys Bruder Mike entführte und tötete. Die meisten von Corlls Opfern waren Teenager; einer jedoch, ein Junge, der gegenüber von Corll wohnte, war erst neun Jahre alt.

Entsetzlich, dass viele dieser jungen Leute Freunde von Henley und Brooks waren; Kinder, die froh waren, ihre Kumpel zu einer Party begleiten zu dürfen, nur um bis zur Bewusstlosigkeit mit Alkohol abgefüllt zu werden. Wenn sie aufwachten, waren sie auf Corlls speziell angefertigte Folterbank gefesselt und wurden schließlich in gewaltsamer Ekstase getötet, die oft darin gipfelte, dass Corll ihre Genitalien abbiss und gleichzeitig ihr Blut trank.

Corlls Laufbahn des Bösen interessierte die Polizei wenig. Einige Eltern von vermissten Jungen versuchten, die Polizei zu Ermittlungen bewegen, ernteten aber meist beschämendes Desinteresse.

Am 8. August 1973, nach drei Jahren des Mordens, brachte Henley ein Mädchen auf eine der Partys mit. Corll gefiel das gar nicht; dies waren für ihn strikt männliche Angelegenheiten. Er alkoholisierte die Jugendlichen und als sie wieder zu sich kamen, waren sie alle gefesselt, auch Henley selbst. Er wusste, was wahrscheinlich als Nächstes passieren würde. Er überredete Corll, ihn loszubinden, und sagte, er würde das Mädchen zu Corlls Vergnügen vergewaltigen und töten. Corll stimmte zu, war aber so unaufmerksam, dass Henley Corlls Gewehr ergreifen konnte und ihn erschoss.

NOTWEHR?

Danach rief Henley die Polizei. Als sie eintraf, erklärte er, er hätte aus Notwehr gehandelt und Corll sei ein Mörder. Die Polizei hatte zuerst Zweifel: Jeder kannte Corll als ehrenwerten Bürger. Doch als sie seine Foltergeräte sahen, erlaubten sie Henley, sie zu dem Bootshaus zu bringen, das Corll im Südwesten von Houston gemietet hatte. Dort fanden sie 17 vergrabene Leichen. Eine Fahrt nach Lake Sam Rayburn führte sie zu vier weiteren Gräbern; weitere sechs wurden am Strand von High Island gefunden, insgesamt also 27 Tote. Henley behauptete, dass noch mindestens zwei weitere Leichen im Bootsschuppen wären, und zwei noch auf High Island, aber die Polizei brach die Suche ab. Zyniker behaupteten, dass sie das Interesse verlor, sobald sie genügend Leichen ausgegraben hatten, um Juan Coronas Rekord von 25 Toten zu brechen.

Brooks und Henley versuchten beide, einander und dem verstorbenen Dean Corll die Schuld zuzuschieben. Henley wurde im August 1974 zu lebenslanger Haft verurteilt und Brooks erhielt im März 1975 dasselbe Urteil.

REGISTER

BIBLIOGRAFIE

Paul Begg, *Jack The Ripper: The Facts*, London: Robson, 2004

Gordon Burn, *Happy Like Murderers*, London: Faber and Faber, 1998

Oliver Cyriax, *Crime: An Encyclopedia*, London: Andre Deutch, 1993

Carol Anne Davis, *Women Who Kill*, London: Allison & Busby, 2002

Elliott Leyton, *Hunting Humans*, New York: Seal, 1987

Brian Masters, *Killing for Company*, London: Jonathan Cape, 1985

Charles A. Moose, Charles Fleming, *Three Weeks in October*, New York: Dutton, 2003

Michael Newton, *The Encyclopedia of Serial Killers*, New York: Facts on File, 2000

Ann Rule, *The Stranger Beside Me*, New York: Norton, 1980

Harold Schechter, *The Serial Killer Files*, New York: Ballantine, 2003

Copyright © 2005 Arcturus Publishing Limited

Genehmigte Lizenzausgabe
tosa GmbH
Fränkisch-Crumbach 2012
www.tosa-verlag.de

Übersetzung: Mag. Helmut Santler/Die Textwerkstatt,
Olivia Stanko, Caroline Klima

ISBN (13) 978-3-86313-204-0
ISBN (10)   3-86313-204-1

BILDNACHWEIS